VENTE DES LUNDI 5 ET MARDI 6 MAI 1919

(HÔTEL DROUOT)

Par le ministère de Me ANDRÉ DESVOUGES, commissaire priseur

CATALOGUE

DE

LIVRES ANCIENS

RARES ET CURIEUX

POÈTES FRANÇAIS

ROMANS, CONTES ET NOUVELLES, FACÉTIES

ET

D'OUVRAGES DE BIBLIOGRAPHIE

PROVENANT

DE LA BIBLIOTHÈQUE DE M. LOUIS LOVIOT

PARIS

LIBRAIRIE HENRI LECLERC

219, RUE SAINT-HONORÉ, 219

ET 16, RUE D'ALGER

1919

CATALOGUE

DE

LIVRES ANCIENS

44061

LA VENTE AURA LIEU

LES LUNDI 5 ET MARDI 6 MAI 1919

A 2 heures précises

HOTEL DES COMMISSAIRES-PRISEURS, 9, RUE DROUOT

SALLE N° 9

Par le ministère de M⁰ ANDRÉ DESVOUGES, commissaire-priseur

26, RUE DE LA GRANGE-BATELIÈRE, 26

Assisté de M. HENRI LECLERC, libraire

219, RUE SAINT-HONORÉ, 219
ET 16, RUE D'ALGER

Voir l'ordre des Vacations à la fin du Catalogue.

CONDITIONS DE LA VENTE

La vente se fait au comptant.

Les adjudicataires paieront 10 pour 100 en sus des enchères pour les livres qui pourront être classés comme n'étant pas de luxe et 17,50 pour 100 pour les livres dits de luxe, ou pouvant être assimilés à cette catégorie. (Les numéros des livres, supportant la taxe de 17,50 pour 100, sont marqués d'un astérisque au catalogue.)

Les livres vendus devront être collationnés dans les vingt-quatre heures de l'adjudication. Passé ce délai, ils ne seront repris pour aucune cause.

M. HENRI LECLERC remplira les commissions qu'on voudra bien lui confier.

CATALOGUE

DE

LIVRES ANCIENS
RARES ET CURIEUX

POÈTES FRANÇAIS
ROMANS, CONTES ET NOUVELLES, FACÉTIES
ET
D'OUVRAGES DE BIBLIOGRAPHIE

PROVENANT
DE LA BIBLIOTHÈQUE DE M. LOUIS LOVIOT

PARIS
LIBRAIRIE HENRI LECLERC
219, RUE SAINT-HONORÉ, 219
ET 16, RUE D'ALGER

—

1919

THÉOLOGIE

1. ADAMI CREATIO (F. 1, r°). De creatione Ade 7
formatione Eue ex costa eius || Et quomodo decepti
fuerunt a serpente || (A la fin, f° 6, r°, verso blanc)
☾ Vita Ade 7 Eue absoluta est feliciter || *S. l. n. d.*
(*Romae, Steph. Plannck*), in-4 goth., de 6 ff. non chiff.
et sans signat., 33 ll. à la page, cartonn. vélin blanc
(*Cartonn. mod.*).

Hain 80 — Pellechet 45.

2. BELLEMERE (frère François). En tête de la première page : Examen de conscience. S'ensuyt la
manière de bien soy confesser | utille et necessaire
de scavoir a chascune personne | tãt pour les confes-
seurs que pour les penitens. Faicte et composee par
frere François Bellemere. | religieux de l'ordre des
freres Minimes. *S. l. n. d.*, pet. in-4 goth., 4 ff. n.
chiff., mar. bleu, fil., dos long orné, dent. int., tr.
dor. (*Chambolle-Duru*).

Pièce rare, imprimée en petits caractères gothiques, vers
1520. Elle n'est pas signalée par Brunet.

3. DAGONEAU (Jean). Reveil des chrestiens a la vie
religieuse.... par F. Jean Dagoneau, humble prieur

dé la Chartreuse du Nostre-Dame du Mont-Dieu. *A Rheims, chez la veufve Jean de Foigny,* 1597, in-8, 24 ff. prélim. n. chiff., 202 ff. chiff. et 6 ff. n. chiff. pour la table, vélin souple à recouvr. (*Rel. anc.*).

Voir dans la *Revue des livres anciens* là longue et curieuse notice de M. L. Loviot sur Jean Dagoneau.

JURISPRUDENCE

4. RABELAIS. Ex reliquiis venerandaé antiquitatis lucii Cuspidii testamentum. Item, contractus venditionis, antiquis romanorum temporibus initus. *Apud Gryphium, Lugduni*, 1532, in-8 de 8 ff. n. chiff., mar. vert, milieu orné d'un grand médaillon de compart. de mar. rouge et de fers azurés, dent. int., tr. dor. (*Chambolle-Duru*).

> Plaquette fort rare, réimprimée par M. Arthur Heulhard dans son *Rabelais légiste* sur l'exemplaire de la Bibliothèque nationale que M. Plan, dans *Les Editions de Rabelais*, cite comme le seul connu.

5. ORDONNANCE NOUVELLE du roy sur le fait des notaires tabellions et faulx tesmoings. *S. l. n. d.*, in-16 de 4 ff., armes de France sur le titre et le dernier feuillet, mar. rouge, jans., dent int., tr. dor. (*A. Motte*).

> Pièce datée de Paris, 1532.
> Exemplaire entièrement non rogné.

6. ARREST de la Cour de Parlement de Provence, portant condamnation contre messire Louys Gaufridy, originaire du lieu de Beau-Vezer les Colmaret, prestre bénéficié en l'église des Acoules de la ville de

Marseille, convaincu de magie, et autres crimes abo-
minables, du dernier avril, six cens onze. *A Aix, par
Jean Tolozan*, 1611, in-8 de 13 pp. et 1 f. blanc, veau
fauve, fil., dos orné, dent. int., tr. dor. (*Trautz-
Bauzonnet*).

Bel exemplaire du docteur Desbarreaux-Bernard.

7. SPIFAME (Raoul). Dicaearchiae Henrici (secundi)
regis christianissimi Progymnasmata. *S. l. n. d.*
(*Paris, vers* 1556), in-8, mar. rouge, comp. de fil. à
la Du Seuil, doublé de mar. rouge, fil. et large dent.,
dos orné, tr. dor. (*Bauzonnet-Trautz*).

Ouvrage singulier et fort rare renfermant 309 arrêts de
la composition de Raoul Spifame, avocat au Parlement de
Paris, lequel suppose qu'ils ont été *donnez l'an mil cinq
cens cinquante six, par le Roy tres-chrestien Henry deuxiesme,
en sa Justice royale*..... Tous ces arrêts supposés sont en
français, quoique le titre du livre et quelques citations
soient en latin.

Dupin, dans ses « *Notices* » (page 72) dit « qu'au milieu
de ces productions bizarres, il se trouve des décisions très
sensées et qui depuis ont été converties en lois et ont reçu
leur exécution ».

On lit au verso du dernier feuillet de l'ouvrage : *Finis
primi thomi*......, mais il n'a pas eu de suite. Les feuillets
ne sont chiffrés que d'un seul côté et à partir du 49ᵉ,
l'avant-dernier porte 391, mais il y a de fréquentes erreurs
dans la pagination des autres.

Bel exemplaire bien relié.

SCIENCES ET ARTS

8. **MONTAIGNE**. Essais de Messire Michel seigneur de Montaigne, chevalier de l'ordre du Roy et gentilhomme ordinaire de sa Chambre. Livre premier et second. *A Bourdeaus, par S. Millanges, imprimeur ordinaire du Roy*, 1580, 2 tomes en 1 vol. in-8, mar. rouge, encadr. renaissance sur les plats, dos orné, dent. int., tr. dor. (*Trautz-Bauzonnet*).

> Edition originale des *Essais* contenant les deux premiers livres.
> Bel exemplaire de Turner et de M. de Naurois.

9. **MONTAIGNE**. Les Essais de Michel seigneur de Montaigne. Edition nouvelle trouvée après le deceds de l'autheur, reveue et augmentée par luy d'un tiers plus qu'aux précédentes impressions. *A Paris, chez Abel L'Angelier*, 1595, in-fol., 12 ff., 523 et 231 pag., mar. rouge, fil., dos orné, dent. int., tr. dor. (*Trautz-Bauzonnet*).

> Excellente édition publiée par Mlle de Gournay après la mort de Montaigne et d'après ses manuscrits.
> Très bel exemplaire contenant l'*Avis au lecteur*.
> Portrait de Montaigne par *Thomas de Leu*, ajouté, en excellente épreuve de premier tirage avec le texte primitif du quatrain et remontée avec soin au format du livre.

10. **MONTAIGNE**. Les Essais de Michel seigneur de

Montaigne. Edition nouvelle corrigée suivant les premières impressions de L'Angélier. Et augmentée d'annotations en marge, de toutes les matières plus remarquables. Avec la vie de l'autheur extraicte de ses propres escrits. *A Paris, chez Michel Blageart,* 1640, in-fol., 5 ff. prél. n. chiff., 750 pag. et 7 ff. table non chiff., veau marb., dos orné de chimères, tr. rouges (*Rel. anc.*).

Exemplaire réglé et qui semble imprimé sur GRAND PAPIER.

11. RIVERY (Madame de). Cabinet des saines affections. Dernière édition augmentée de XII. discours et quelques stances sur le mesme sujet. *A Paris, pour Anthoine du Breuil,* 1595, pet. in-12, de 203 pp. et 12 pages non chiff., renfermant diverses stances, la table et le privilège, vélin blanc (*Rel. mod.*).

Première édition complète et très rare de ce fameux traité attribué à Mlle de Gournay par Paul Lacroix, dans le *Bulletin du Bibliophile* (juin 1860).

M. L. Loviot a consacré à ce petit livre une longue et intéressante notice dans la *Revue des livres anciens*. Le titre de cette édition y est reproduit.

12. LA ROCHEFOUCAULD. Réflexions ou sentences et maximes morales. Quatrième édition, reveuë, corrigée et augmentée depuis la troisième. *A Paris, chez Claude Barbin,* 1675, in-12, frontispice gravé par Ét. Picart, mar. rouge, comp. de fil. à la Du Seuil, dos orné, dent. int., tr. dor. (*Trautz-Bauzonnet*).

Cette quatrième édition contient 413 maximes et renferme des changements et des additions. C'est dans cette édition que se trouve, pour la première fois, cette épigraphe « *Nos vertus ne sont le plus souvent que des vices déguisés* ».

Joli exemplaire, très grand de marges.

13. ALEXIS PIÉMONTOIS. Les Secrets de révérend signeur Alexis Piemontois. Contenans excellens remèdes contre plusieurs maladies, playes, et autres accidens. Avec la manière de faire distillations, parfums, confitures, teintures, couleurs, et fusions. Œuvre bien approuvé, très utile et necessaire à un chacun. Traduit d'italien en françois. *En Anvers, de l'Imprimerie de Christofle Plantin,* 1557, in-4 de 4 ff. prél. et 116 ff. chiff., vélin à recouvr., tr. rouges (*Rel. anc.*).

    Exemplaire très pur, dans sa reliure originale et avec témoins.

    Cette belle édition n'est pas citée dans les *Annales plantiniennes.*

14. BRUNO (de). Recherches sur la direction du fluide magnétique. *À Amsterdam, et se trouve a Paris, chez Gueffier,* 1785, in-8, mar. vert, pet. dent., dos orné, dent. int., tr. dor. (*Rel. anc.*).

    Ouvrage orné de 8 planches doubles, gravées par L. Chateau.

    Exemplaire imprimé sur PAPIER DE HOLLANDE.

15. MENON. La Cuisinière bourgeoise, suivie de l'office, à l'usage de tous ceux qui se mêlent de dépenses de maisons. Contenant la manière de disséquer, connaître et servir toutes sortes de viandes. Nouvelle édition augmentée. *Paris, chez P. Guillaume Cavelier,* 1777, in-12, vélin, tr. marb. (*Rel. anc.*).

    Exemplaire bien conservé de ce livre qui eut tant d'éditions au XVIIIe siècle.

BELLES-LETTRES

I. — LINGUISTIQUE. — ORATEURS.

16. GUICHARD (Etienne). L'Harmonie etymologique des langues. En laquelle par plusieurs antiquitez et etymologies de toute sorte, se démonstre évidemment que toutes les langues sont descendues de l'Hébraïque. *A Paris, chez Guillaume le Noir*, in-8, 8 ff. prélim. n. chiff., 985 pag. et 16 ff. n. chiff., mar. vert à longs grains, encadr. de fil. et milieu orné, dent. int., tr. dor. (*Ginain*).

> Bel exemplaire de Charles Nodier (Cat. de 1829, n° 251) recouvert d'une reliure de GINAIN, très caractéristique.
> La pagination du volume est des plus irrégulière, elle saute de 480 à 600, de 855 à 858, etc.

17. LA RAMÉE. Grammaire de P. La Ramée. *A Paris, de l'Imp. d'André Wechel*, 1572, pet. in-8, de 9 ff. prélim. non chiff. et 211 fl. chiff., mar. rouge, fil., dos orné, dent. int., tr. dor. (*Bauzonnet-Trautz*).

> Imprimée, en partie, avec l'orthographe que l'auteur voulait introduire en France.
> Exemplaire de Henry Houssaye n'ayant pas le feuillet blanc préliminaire indiqué par Brunet.

18. TITE LIVE. Les Concions et harengues de Tite

Live, nouvellement traduictes en françois (par Jean de Amelin). *A Paris, de l'Imprimerie de Michel de Vascosan,* 1554, in-8 de 6 ff. prélim. n. chiff. et 393 ff. chiff. et 1 f. blanc, mar. rouge à longs grains, fil. sur le dos et les plats, dent. int., tr. dor. (*Thouvenin.*).

Bel exemplaire, avec témoins, provenant des bibliothèques de Nodier (1829) et de Pixerécourt.

II. — POÉSIE.

A. — Poètes latins modernes.

19. MURET. M. A. Mureti Juvenilia. *Parisiis, ex officina Viduae Mauricij à Porta in clauso Brunello, ad D. Claudii insigne,* 1553, pet. in-8 réglé de 126 pp. chiff., mar. vert, fil., dos orné, dent. int., tr. dor. (*Rel. anc.*).

Ce recueil des poésies latines de Muret comprend une tragédie (*Jules César*), des Elégies, Satires, Epigrammes, etc.

Bel exemplaire bien relié.

20. FOLENGO. Histoire macaronique de Merlin Coccaie, prototype de Rablais. Où est traicté les ruses de Cingar, les tours de Boccal, les adventures de Leonard, les forces de Fracasse, enchantemens de Gelfore et Pandrague et les rencontres heureuses de Balde, etc. Plus l'horrible bataille advenue entre les mousches et les fourmis. *A Paris, chez Gilles Robinot,* 1606, in-12 de 6 ff. prélim. n. chiff. et 900 pp., mar. rouge, fil., dos orné, tr. dor. (*Rel. anc.*).

Edition rare.
Exemplaire relié par Boyet.

B. — Poètes français.

a. — *Poésies de divers genres.*

21. FABLIAUX ET CONTES des poètes françois des XI, XII, XIII, XIV et XVᵉ siècles, tirés des meilleurs auteurs; publiés par Barbazan. Nouvelle édition. *Paris, Warée,* 1808, 4 vol. in-8, mar. orange, pet. dent., dos orné, tr. jasp. (*Rel. de l'époque*).

> 4 figures de *Langlois,* gravées par *Delvaux* et *De Villiers.*

22. FRANC (Martin). Le Champion des Dames, livre plaisant copieux & habondant en sentences. Contenant la Deffence des Dames, contre malebouche & ses consors, & victoire d'icelles. Composé par Martin Franc, secrétaire du feu pape Felix V. Et nouvellement imprimé à Paris. Cum privilegio. *On les vend à Paris en la grand salle du Palays, au premier pillier en la bouticque de Galiot du Pré, libraire juré de l'Université. A la fin : Imprimé à Paris par maistre Pierre Vidoue...* 1530, pet. in-8 de 12 ff. prélim. n. chiff. et 410 ff., mar. rouge, fil., dos orné d'entrelacs de fil., dent. int., tr. dor. (*Lortic*).

> Exemplaire ayant fait partie des bibliothèques du Bᵒⁿ Double, de Marigues de Champ-Repus et de Marcel Schwob.
>
> Petite tache rouge aux trois premiers feuillets.

23. FRANC (Martin). L'Estrif de Fortune (par Martin Franc, prévôt de Lausanne et secrétaire du pape Félix V). In-4, mar. brun, jans.; dent. int., tr. dor. (*Trautz-Bauzonnet*).

> Beau manuscrit du XVᵉ siècle, sur papier, comprenant 190 ff.
>
> Cet ouvrage, mélangé de prose et de vers, est divisé en

trois livres. C'est un débat entre la Fortune et la Vertu devant la Raison, qui fait l'office de juge. Il est précédé d'un prologue adressé à Philippe le Bon, duc de Bourgogne, qui commanda cette composition à l'auteur.

Ce manuscrit provient des bibliothèques du Baron de La Roche Lacarelle et de Léon Techener.

24. POÉSIES des xv⁰ et xvi⁰ siècles, publiées d'après des éditions gothiques et des manuscrits. *Paris, Silvestre*, 1830-1832, in-8, demi-rel. chag. rouge, dos orné, non rogné (*Koehler*).

Ce recueil de 15 poésies du moyen âge, dont les trois dernières publiées pour la première fois, n'a été tiré qu'à 100 exemplaires sur papier de Hollande.

25. BLASONS, poésies anciennes des xv et xvi⁰⁰ siècles, extraites de différens auteurs imprimés et manuscrits, par M. D. M. M*** (par Dominique-Martin Méon). Nouvelle édition, augmentée d'un glossaire des mots hors d'usage. *Paris, Guillemot, Nicolle*, 1809, in-8, demi-rel. mar. rouge à longs gr., dos richement orné à froid et dor., non rogné (*Thouvenin*).

Exemplaire de Pixerécourt, l'un des 2 imprimés sur PAPIER DE HOLLANDE ; il contient en double les pages 53 à 64 renfermant les pièces libres.

Première édition de 1807 avec un nouveau titre et augmentée d'un glossaire.

26. CHARTIER (Alain). Sensuyvēt les faictz || de maistre Alain Char||tier contenant en soy || douze livres dōt les || nōs sont en la table cy après||. Qui traictent de plusieurs choses touchant les || guerres faictes par les Angloys… (à la fin) *Cy finissent les faitz, ditz et balâdes maistre Alain Chartier. Imprimez à Paris par la veufve feu Jehan Trepperel et Jehan Johannot demourans en la rue Neufve Nostre Dame, à l'enseigne de l'escu de France s. d.*, in-4 goth. de 130 ff. non chiff. à 2 col.;

titre rouge et noir, fig. sur bois, mar. vert foncé, fil.,
dos orné, dent. int., tr. dor. (*Bauzonnet-Trautz*).

Bel exemplaire malgré une légère réparation à la marge
inférieure des quatre premiers feuillets.

27. COQUILLART (Guillaume). Coquillart. Les œu-
vres || maistre Guil||laume Coquil||lart, en son vi||vant
official || de Reims, nou||vellement re||veues et corri||
gées || M D XXXV. || *On les vend à Lyon en la* || *mai-
son de Frācoys Juste* || *Demourant deuant nostre* || *Dame
de Confort* ||. A la fin : *Imprimé nouuellement par Fran-
coys* || *Juste. Demourant deuant no||stre Dame de Confort
|| à Lyon. Le XXI de* || *Januier* || *1535*, in-16 goth.
de 96 ff., format agenda, mar. citron, encad. de filets
entrelacés, fleuron aux angles, dos orné, doubl. de
mar. bleu, fil., guirlande de feuillages aux angles, tr.
dor. (*Trautz-Bauzonnet*).

La seconde édition des deux publiées, en 1535, par
François Juste dans le même format. La première est
datée du 2 août 1535.

Très bel exemplaire de cette édition précieuse. Il provient de la collection de Jules Le Petit qui lui consacre
un article de ses *Editions originales* (page 14). La jolie
reliure de Trautz est reproduite dans le *Guide du libraire-
antiquaire et du bibliophile* (planches 8 et 9).

28. MAROT. (Clément). Les Œuvres de Clément
Marot. *A Paris, chez Gabriel Buon*, 1568, in-16 de 13
ff. prélim. n. chiff., 598 pp., 150 pp. et 3 ff. n. chiff.
dont le dernier blanc, mar. citron, fil., dos orné, dent.
int., tr. dor. (*Trautz-Bauzonnet*).

Edition imprimée en caractères italiques par Jean Ruelle.

29. DESPÉRIERS. La Prognostication des prognosti-
cations, non seulement de ceste presente année,
M. D. XXXVII, mais aussi des aultres à venir, voire

N.° 27.

Nº 31.

DOUBLURE DE LA RELIURE.

de toutes celles qui sont passées. Composée par maistre Sarcomoros, natif de Tartarie, et secretaire du très illustre et très puissant roy de Cathai, serf de Vertus. *S. l.*, 1537, in-8 de 8 ff. n. chiff. le dernier blanc, mar. vert, fil., dos long orné, dent. int., tr. dor. (*Koehler*).

Cette pièce, rare, est de Bonaventure Despériers et a été réimprimée dans ses œuvres.

Joli exemplaire de Méon ayant fait partie depuis des bibliothèques Potier et Renard.

30. DESPÉRIERS. Recueil des œuvres de feu Bonaventure Des Périers... *A Lyon, par Jean de Tournes,* 1544, in-8 de 4 ff. prélim. n. chiff., 196 pag. et 3 ff. n. chiff. dont le dernier blanc, mar. rouge, compart. de fil., fleurons aux angles, dos orné, dent. int., tr. dor. (*Lortic*).

Première édition, publiée par Antoine Du Moulin, ami de l'auteur; elle est très rare et imprimée en caractères italiques.

31. MARGUERITE de Navarre. Marguerites de la Marguerite des Princesses, très illustre Royne de Navarre. *A Lyon, par Jean de Tournes,* 1547, 2 part. en 1 vol. in-8, 542 pag. et 1 f. n. chiff., 342 pp. et 1 f. n. chiff., mar. vert, comp. de fil., dos orné, doublé de mar. rouge, compart. de filets et de feuillages couvrant la doublure, genre des Eve, tr. dor. (*Trautz-Bauzonnet*).

Première édition des poésies de la reine de Navarre, donnée par Jean de La Haye; la fin de la seconde partie *La Coche* est ornée de jolies figures gravées sur bois.

Exemplaire du comte de Fresne et du baron de Claye, recouvert d'une excellente et riche reliure de Trautz.

32. AURIGNY (Gilles d'). Le Tuteur d'amour. Auquel est comprise la fortune de l'innocèt en amours. En-

semble un livre où sont Epistres, Elegies, Complaintes, Epitaphes, Chantz royaux, Ballades, Rondeaux et Epigrammes : le tout composé par Gilles d'Aurigny dit le Pamphile. *A Paris, chez Jehan Ruelle*, 1553, in-16 de 96 ff. chiff., mar. vert foncé, plats et dos ornés de fil., doublé de mar. rouge, encadr. de fil., entrelacs de filets et fleurons couvrant entièrement la doublure, tr. dor. (*Bauzonnet*).

Charmant exemplaire, réglé, portant l'ex-libris de Charles Nodier. Délicieuse reliure dont la dorure est l'œuvre de Trautz qui, à l'époque où elle fut exécutée, n'avait pas encore associé sa signature à celle de son beau-père Bauzonnet. Les reliures doublées étaient rares dans la bibliothèque de Nodier, et ce joli volume est sans doute celui qu'il fit le plus luxueusement recouvrir, après la mort de Thouvenin.

Le *Tuteur d'amour* est extrêmement rare. Cigongne possédait l'édition de 1546 ; un exemplaire de l'édition décrite ci-dessus, en mar. doublé de Trautz, fut adjugé 1820 francs à la vente O. de Béhague.

33. LABÉ (Louise). Euvres de Louïze Labé Lionnoize. Revues et corrigées par ladite Dame. *A Lion par Jan de Tournes*, 1556. Avec privilège du Roy, in-8 de 173 pag. et 1 f. n. chiff. pour la fin du privilège, mar. bleu vert à longs grains, compart. de fil. et motifs aux angles des plats, dos long orné, doublé de mar. rouge, dorures répétées, gardes et tr. dor. (*Thouvenin*).

Seconde édition de ces poésies aussi rare que la première.

Célèbre exemplaire de Charles Nodier portant sur le titre l'indication manuscrite « Caroli Labbé, 1647 ». Thouvenin a exécuté pour ce livre sa plus belle reliure « aux écussons » que M. Beraldi a reproduite dans *La reliure du XIXe siècle*.

Cet exemplaire a fait successivement partie des bibliothèques Nodier, Yemeniz, Odiot, Tilliard, L. de Montgermont et Robert Hoe.

N° 32.

Doublure de la reliure.

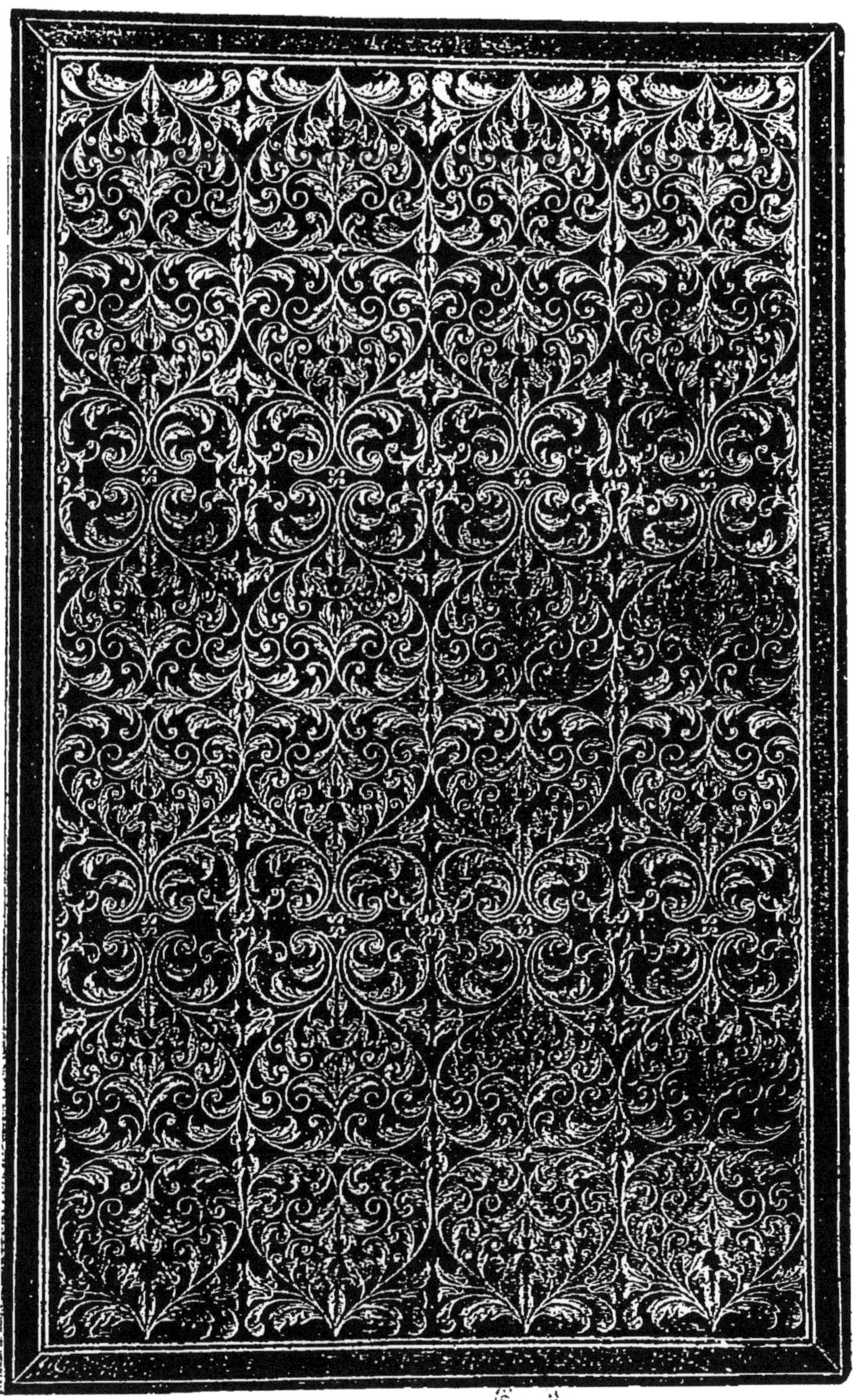

Nº 33.

DOUBLURE DE LA RELIURE.

34. RONSARD. Les Œuvres de Pierre de Ronsard, Gentilhomme vandosmois, Prince des Poëtes françois. Reveues et augmentées. *A Paris, Nicolas Buon*, 1609-1610, 10 tomes en 5 vol. in-12, frontisp. et portraits gravés, vélin, tr. jasp., cordons de soie verte (*Rel. anc.*).

Très bel exemplaire de la vente Lobris dans sa première reliure, complet, avec le recueil des pièces retranchées et l'*Abrégé de l'art poétique françois*.

35. BOUTEHORS D'OYSIVETÉ (le). *A Rouen, chez Nicolas Lescuyer, près le grand portail Nostre Dame*, pet. in-8 de 32 ff., mar. rouge, jans., dent. int., tr. dor. (*Chambolle-Duru*).

Précieux recueil ; seul exemplaire signalé de cette édition qui vit le jour entre 1576 et 1595, les documents limitant à cette période l'exercice de Nicolas Lescuyer à Rouen.

Il est orné de 18 figures, gravées sur bois, provenant de livres plus anciens.

36. MONTENAY (Georgette de). Emblèmes, ou devises chrestiennes, composées par Damoiselle Georgette de Montenay. *A Lyon, par Jean Marcorelle*, 1571, in-4 de 8, 100 et 8 ff., mar. La Vall., milieu orné de fil. courbes, de feuillages et de fleurs, dos orné de pet. couronnes de feuillage, dent. int., tr. dor. (*Trautz-Bauzonnet*).

Bel exemplaire de ce rare recueil d'emblèmes, gravés par *Woeriot* et commentés, en huitains, par Georgette de Montenay dont le portrait, en très belle épreuve, est joint à l'exemplaire.

Exemplaire de M. G. Chartener dans une jolie reliure de Trautz.

37. DESPORTES. Les premières œuvres de Philippes des Portes. *A Paris, de l'Imp. de Robert Estienne*, 1573, in-4 de 4 ff. prélim. non chiff., 198 ff. chiff. et

2 ff. non chiff. pour la table, mar. rouge, fil., dos orné, dent. int., tr. dor. (*Trautz-Bauzonnet*).

Cette édition est la première et la plus belle des œuvres de ce poète.

Bel exemplaire dans une excellente reliure de TRAUTZ.

38. DESPORTES. Les Premières œuvres de Philippes des Portes. Au roy de France et de Polongne. Reveues, corrigées et augmentées outre les précédentes impressions. *A Paris, pour Robert le Mangnier libraire juré,* 1583, in-12 de 6 ff. prélim. n. chiff., 336 ff. chiff. et 12 ff. n. chiff., mar. rouge, fil., dos orné, dent. int., tr. dor. (*Trautz-Bauzonnet*).

Bel exemplaire dans une excellente reliure de TRAUTZ.

39. DESPORTES. Poésies chrestiennes. Par Philippes Des-Portes abbé de Thiron. *A Paris, par Mamert Patisson, imprimeur du Roy,* 1598, 18 ff. chiff. — Quelques prières et méditations chrestiennes. Par Philippes Des-Portes, abbé de Thiron. *A Paris, par Mamert Patisson, imprimeur du Roy,* 1598, 35 ff. chiff. et 1 f. de table n. chiff. — En 1 vol. in-8, mar. rouge, milieu orné de fil. et guirlandes de feuillages et de fleurs, dos orné, dent. int., tr. dor. (*Trautz-Bauzonnet*).

Bel exemplaire réglé, dans une excellente reliure de TRAUTZ.

40. DU VERDIER (Antoine). Les Omonimes, satire des mœurs corrompues de ce siècle, par Antoine Du Verdier homme d'armes de la Compagnie de Monsieur le Seneschal de Lyon. *A Lyon, par Antoine Gryphius,* 1572, in-4 réglé, de 12 ff., mar. rouge. jans., tr. dor. (*Thibaron*).

Bel exemplaire, grand de marges, de ce curieux poème.

41. DU MONIN (Jean Edouard). Ioannis Edoardi Du Monin Burgundionis gyani Beresithias, sive mundi creatio. Ex gallico G. Salustij du Bartas Heptamero expressa. ... Eiusdem Edoardi manipulus poëticus non insulsus. *Parisiis, Apud Hylarium le Bouc,* 1579, in-8 de 8 ff. prélim. n. chiff., 131 ff., 119 pag. et 1 f. de privilège n. chiff., mar. rouge à longs grains, fil., tr. dor. (*Rel. anglaise du début du XIXe siècle*).

Bel exemplaire du plus singulier ouvrage d'Edouard du Monin ; très rare.

La seconde partie, le *Manipulus poeticus,* contient plusieurs pièces françaises.

Portrait de Du Bartas, gravé par *Gaucher,* ajouté.

42. LA MOTTE-MESSEMÉ. Le Passe-Temps de Monsieur de la Motte-Messemé, dédié : aux amis de la Vertu. Plus un songe faict à l'antique dédié à Monsieur Ayraut, lieutenant criminel d'Angers. *A Paris, chez Jean Le Blanc,* 1595, in-8 de 6 ff. prélim. n. chiff., 83 ff. chiff. et 7 ff. n. chiff., mar. grenat, jans., dent. int., tr. dor. (*Chambolle-Duru*).

Exemplaire un peu court de marges, mais le livre est curieux et on ne signale qu'un autre exemplaire de cette édition originale (celui de Chaponay) aujourd'hui à la Bithèque Nationale.

43. COIGNARD (Gabrielle de). Œuvres chrestiennes, de feu dame Gabrielle de Coignard, vefve à feu Monsieur de Mansencal, sieur de Miremont, président en la Cour de Parlement de Tholose. *A Tournon, pour Jaques Favre libraire en Auignon,* 1595, pet. in-12 de 239 pages, parchemin blanc, tr. rouges (*Rel. mod.*).

Recueil de poésies rare.
Petites mouillures.

44. TRELLON (Claude de). La Muse guerrière. Dédiée à Monsieur le Comte d'Aubijoux. *A Rouen, chez*

Abraham Cousturier, 1604, in-12, 2 ff. n. chiff., 128 ff. chiff. et 2 ff. n. chiff. dont le dernier blanc, vélin souple (*Rel. anc.*).

La *Muse guerrière* est suivie de l'*Hermitage* qui avait paru séparément en 1593, à Lyon.

Edition rare, citée seulement sans collation, dans le *Supplément* de Brunet qui l'annonce in-8.

Très bel exemplaire de la vente Lobris.

45. MUSE FOLASTRE (La), recherchée des plus beaux esprits de ce temps. De nouveau reveuë, corrigée et augmentée. *A Lyon, par Barthelemy Ancelin,* 1611, 3 livres en 1 vol. in-12, vélin souple, liens de peau (*Rel. anc.*).

Parmi les pièces que renferme ce volume nous citerons : *Les Proverbes d'amour, à Madame de R.* — *L'Anatomie du manteau de Cour.* — *La Courtisane repentie, du latin de P. Gillebert.* — *Complaincte des Satyres aux Nymphes, imitée du Bembe.* — *Epitaphe d'un petit chien.* — *Epitaphe d'un chat.* — *Stances sur les palles couleurs* et *Stances du tricquetrac,* par le Sieur Bouterouë. — *Les Eschets.* — *Le Pallemail* et *L'Alchimiste,* par Beroalde l'aisné. — *Stances de la chasse.* — *L'Amour mercenaire.* — *Folastries* (8) *de P. de Ronsard,* etc.

Exemplaire de la plus belle conservation, provenant de la vente Coudre.

46. MUSE FOLASTRE. Le premier (second et troisième) livre de la Muse folastre recerchée des plus beaux-esprits de ce temps. De nouveau reveu, corrigé et augmenté. *A Rouen, de l'Imprimerie de Pierre Maille,* 1621, 3 part. en 1 vol. pet. in-18, 72 ff., vélin souple à recouvr. (*Rel. anc.*).

Exemplaire de la vente Lobris, bien conservé dans sa première reliure.

47. MUSES GAILLARDES (Les), recueillies des plus beaux esprits de ce temps, par A. D. B. (Du Brueil)

Parisien. Dernière édition, reveue, corrigée et de beaucoup augmentée. *A Paris, de l'imprimerie d'Anthoine du Brueil* (vers 1611), in-12, titre gravé par Jac. Verheyen, 4 ff. prélim. n. chiff., 248 ff. mal chiff., mar. citron, fil., dos orné de feuillages, doublé de mar. rouge, encad. de guirlandes de feuillages à petits fers, tr. dor. (*Trautz-Bauzonnet*).

> Troisième édition de ce livre ; elle renferme 41 pièces nouvelles.
> Très bel exemplaire, provenant de la bibliothèque du comte de Lignerolles ; cachet de la bibliothèque Wolfenbuttel au verso du titre et au dernier feuillet.

48. BOURGEOISE DESBAUCHÉE (La). *A Paris, pour Nicolas Rousset*, titre gravé, 54 pag. et 3 ff. n. chiff. — La Gazette. *A Paris, jouxte la copie imprimée à Rouen par Jean Petit*, 1609, titre gravé et 72 pag. — Les Courriers, ou suitte de la Gazette, 12 pp. — En 1 vol. in-12, mar. orange, pet. dent. et compart. de fil. sur les plats, dos orné, dent. int., tr. dor. (*Rel. de la fin du XVIIIe siècle*).

> Réunion de trois pièces, en vers, intéressantes et des plus rares, auxquelles M. L. Loviot a consacré une longue notice dans *Auteurs et livres anciens*. Il a donné une réimpression de *La Gazette de 1609*, tirée à petit nombre, en *1914*.
> Très bel exemplaire de Méon.

49. DÉLICES DE LA POÉSIE FRANÇOISE (Les), ou recueil des plus beaux vers de ce temps. *A Paris, chez Toussainct du Bray*, 1615, in-8 de 4 ff. prélim. n. chiff. et 1080 pag., vélin souple à recouvr. (*Rel. anc.*).

> Exemplaire d'une conservation parfaite, avec témoins, provenant de la vente Lobris.

50. RÉGNIER. Les Satyres et autres œuvres folastres

du Sr Régnier. Dernière édition, reveuë, corrigée et augmentée de plusieurs pièces de pareille estoffe, tant des sieurs de Sigogne, Motin, Touvant et Bertelot, qu'autres des plus beaux esprits de ce temps. *A Rouen, chez la Vefve Du Bosc*, 1621, in-8, 4 ff. prélim. n. chiff. et 195 ff. chiff., mar. rouge, fil., dos orné, dent. int., tr. dor. (*Trautz-Bauzonnet*).

Bonne édition, la plus complète.

51. MATHOIS (Le) ou marchand meslé propre à tout faire..... *A Paris, de l'Imprimerie d'Anthoine du Brueil*, 1614, in-8, 16 pp., mar. La Vall., jans., dent. int., tr. dor. (*Chambolle-Duru*).

Très bel exemplaire.

52. REMI de Beauvais. La Magdeleine de F. Remi de Beauvais, capucin de la province des Pays-Bas. *A Tournay, chez Charles Martin*, 1617, in-8 de 24 ff. n. chiff., dont le titre gravé et une fig., 746 pp. avec une fig. après la p. 88, 4 ff. n. ch. et 1 f. blanc, mar. violet à longs grains, dent., dos orné, dent. int., tr. dor. (*Simier*).

Bel exemplaire de Charles Nodier (Cat. de 1827, n° 179) qui ne put jamais en retrouver un autre en aussi bel état et écrit dans sa *Description raisonnée*, à propos de la Magdaliade du P. Durant : « Le plus ancien des trois poëmes composés par des moines sur ce sujet scabreux... Celui du P. Remy de Beauvais, qui manque à ma petite collection, parce que je n'en ai jamais trouvé d'exemplaire satisfaisant, est, à très juste titre, le plus recherché des amateurs. » Les quatre feuillets non chiffrés de la fin manquent souvent ; ils contiennent l'erratum et les stances du P. R. Sr. du Plessis.

Il faut lire sur ce poème, un long article de Paul de Saint-Victor dans le *Correspondant* du 25 mars 1845.

53. CABINET SATYRIQUE (le) ou recueil des vers

piquans et gaillards de ce temps. Tirés des cabinets des Sieurs de Sigognes, Regnier, Motin, Berthelot, Maynard, et autres des plus signalez poëtes de ce siècle. *Imprimé au Mont Parnasse*, 1697, 2 tomes en 1 vol. in-8, frontisp. gravé à chaque volume, vélin à recouvr., tr. jasp. (*Rel. anc.*).

Exemplaire, bien conservé, de la vente Lobris.

54. PROCÈS D'AMOUR. Les Cinq premiers livres du procès d'amour, avec les amours chrestiennes du mesme autheur. *A Paris, par Antoine Estienne,* 1630, in-4, de 8 ff. prélim., le dernier blanc, et 211 pp., mar. rouge, fleurons aux angles, dos orné, dent. int., tr. dor. (*Trautz-Bauzonnet*).

Sans nom d'auteur. L'Imprimeur dit que ce livre « lui est venu de la bibliothèque d'un personnage d'érudition et qui le prisoit grandement. »
Bel exemplaire provenant des bibliothèques du comte d'Auffay et du baron de Ruble. Il est très grand de marges, avec de nombreux témoins.

55. AUVRAY. Le Banquet des Muses, ou vers satyriques du sieur Auvray. *A Rouen, chez David Ferrant*, 1624, in-8, titre, 4 ff. n. chiff. et 368 pag., mar. rouge, fil., dos orné, dent. int., tr. dor. (*Trautz-Bauzonnet*).

Le *Supplément* du Manuel n'indique que 2 ff. prél. y compris le titre ; il s'agirait d'après M. Lachèvre, d'une autre édition sous la même date, 1624. Celle-ci est l'originale de 1623 avec un nouveau titre.
L'édition originale du *Banquet des Muses* est un livre fort rare, surtout en exemplaires bien conservés comme celui-ci, le seul qui ait été relié par Trautz. La reliure est d'une fraîcheur remarquable.
Très bel exemplaire provenant de Robert Hoe.

56. AUVRAY. Le Banquet des Muses ou les divers

satires du sieur Auvray. Contenant plusieurs poëmes non encore veuës n'y imprimez. Ensemble est adjousté l'Innocence d'escouverte, tragi-comedie par le mesme autheur. *A Rouen, chez David Ferrand*, 1628, in-8 de 4 ff. prélim. n. chiff., 400 pp., 3 ff. n. ch. et 57 pp., veau fauve, fil. à fr., dos orné, tr. rouges (*Rel. anc.*).

Exemplaire bien conservé d'un livre imprimé sur mauvais papier et rarement en bon état.

57. ENFER DE L'ADVOCAT DE MONTAUBAN (l'). *S. l.*, 1622, in-8 de 16 pag., veau fauve, fil., dos orné, tr. dor. (*Trautz-Bauzonnet*).

Satyre en vers, fort rare, contre un avocat de Montauban qui avait écrit un pamphlet contre le Roi.

Exemplaire à toutes marges, non rogné, des bibliothèques du Dr. Desbarreaux-Bernard et Stroehlin.

58. THÉOPHILE. Les Œuvres de Théophile, divisées en trois parties. La première, contenant l'immortalité de l'Ame, avec plusieurs autres pièces. La seconde les Tragédies et la troisième, les pièces qu'il a faites pendant sa prison, jusques à présent. De plus est augmenté la lettre contre Balsac, avec la Sollitude du sieur S. Amand. Œuvre d'excellente invention. Dédiées aux beaux esprits de ce temps. *A Rouen, chez Guillaume de la Haye*, 1630, in-8 de 8 ff. prélim. n. chiff., 319, 160 et 203 pp., vélin à recouvr. (*Rel. anc.*).

59. PARNASSE SATYRIQUE (le) du sieur Théophile. *S. l.*, 1625, in-8 de 380 pp., et 2 ff. blancs, mar. rouge, fil., dos orné, dent. int., tr. dor. (*Trautz-Bauzonnet*).

Edition rare dont Brunet ne donne pas exactement le nombre de pages.

Exemplaire provenant des bibliothèques Chaponay,

Desq, Renard et Robert Hoë ; c'est le seul exemplaire d'une édition primitive du *Parnasse satyrique* qu'ait relié Trautz.

60. ESVENTAIL SATYRIQUE (l').۸ Fait par le nouveau Théophile. Avec une apologie pour la Satyre S. l. n. d., in-8 de 16 pag., mar. rouge, fil., dos orné, tr. dor. (*Chambolle-Duru*).

Bel exemplaire ayant figuré au catalogue Lobris et relié depuis lors.

61. DALIBRAY. Les Œuvres poétiques du Sr Dalibray divisées en vers bachiques, satyriques, heroïques, amoureux, moraux et chrestiens. *A Paris, Jean Guignard,* 1653, 6 part. en 1 vol. in-8, veau fauve, filet à froid, dos orné à la grotesque, tr. rouges (*Rel. anc.*).

Première édition, rare.

62. SAINT-AMANT. Les Œuvres du sieur Saint-Amant. *A Paris, de l'imprimerie de Rob. Estienne, pour François Pomeray et Toussainct Quinet,* 1629, in-4. — La Suite des œuvres du sieur de Saint-Amant. *A Paris, chez François Pomeray,* 1631, 2 parties en 1 vol. in-4, vélin (*Rel. anc.*).

Exemplaire très bien conservé provenant de la vente Lobris.
Armoiries étrangères sur les plats de la reliure.

63. SAINT-AMANT. Les Œuvres du sieur de Saint-Amant. Reveuës, corrigées, et de beaucoup augmentées en cette dernière édition. *Imprimées à Orléans et se vendent à Paris, chez Guillaume de Luyne,* 1661, in-12, titre et 466 pp., mar. rouge, dos orné, dent. int., tr. dor. (*Trautz-Bauzonnet*).

Joli exemplaire, bien relié.

64. MALHERBE. Les Œuvres de Messire François de Malherbe, gentil-homme ordinaire de la Chambre du Roy. Troisième édition. *A Troyes, chez Jacques Balduc,* 1635, in-8 de 4 ff. prélim. n. chiff., 183 pag. pour les poésies, 20 ff. n. chiff. et 592 pag. pour les œuvres diverses, vélin, tr. jasp. (*Rel. anc.*).

> Troisième édition des œuvres de Malherbe renfermant, comme les deux premières, le *Discours sur les œuvres de M. de Malherbe,* par Antoine Godeau.
> Exemplaire très bien conservé, ce qui est très rare pour ce livre imprimé sur mauvais papier ; il provient de la vente Lobris.

65. BERTHOD. Description de la Ville de Paris, en vers burlesques..... *Jouxte la copie. A Paris chez la vefve Guillaume Loyson, au Paulais,* 1654, in-12 de 62 pag. et 1 f. blanc, mar. rouge, fil., dos orné, dent. int., tr. dor. (*Trautz-Bauzonnet*).

> Exemplaire du comte de Béhague, entièrement non rogné et adjugé 880 francs à sa vente. C'est le seul connu en pareille condition. Brunet, d'ailleurs, ne cite que l'exemplaire de Nodier.
> Ce volume est l'un des plus rares de la Collection Elzévirienne (Willems, n° 1964).

66. LE PETIT (Claude). La Chronique scandaleuse, ou Paris ridicule de C. Le Petit. *A Cologne, chez Pierre de la Place,* 1668, pet. in-12 réglé, 47 pag., mar. orange, fil., dos orné, dent. int., tr. dor. (*Trautz-Bauzonnet*).

> Petit livre fort rare imprimé à Amsterdam (Willems, n° 1792).
> Joli exemplaire, réglé, provenant de la bibliothèque du comte de Béhague et de celle du comte de Lignerolles.

67. LE JOLLE (Pierre). Description de la ville d'Amsterdam, en vers burlesques. Selon la visite de

six jours d'une semaine. *A Amsterdam, chés Jaques le Curieux,* 1666, pet. in-12, mar. bleu, fil., dent. int., tr. dor. (*Duru*).

Imprimé probablement par P. Warnaeï, d'Amsterdam. Frontispice gravé contenant un petit plan d'Amsterdam. L'auteur dédie son poème. aux *boueurs, aux cureurs des canaux* d'Amsterdam, auxquels il dit. dans sa préface : « *l'ouvrage estant donc sans politesse, à qui l'eussé-je pû mieux* « *aproprier qu'à vous, vénérables salopes.....* » Se joint à la Collection des Elzévier.

68. LES GRIPPEZ A LA MODE. *S. l. n. d.* Placard in-fol. dans un cartonn. in-4.

Curieux placard du XVIIe siècle, en vers et dont voici les titres des pièces qui le. composent : Les grippés pour les Tulippes. — Le grippé pour le jeu de Dez. — Le grippé pour la chimie. — Le grippé pour le cabaret. — Le grippé pour la peinture. — Le grippé pour la chasse. — Le grippé pour les violons. — Le grippé pour les courtisanes. — Le grippé pour les bastiments. — Le grippé pour le tabac. — Aux dames.

69. CLÉMENT. Relation d'un voyage de Coppenhague à Breme, en vers burlesques. *A Breme, chez Claude Lejeune,* 1705, pet. in-12, 68 pag. et 1 f. n. chiff., mar. rouge à longs grains, 2 compart. de 3 fil. sur les plats, dos long orné (*Purgold*).

Exemplaire de Charles Nodier, entièrement NON ROGNÉ (Cat. de 1829, n° 370) contenant la note autographe reproduite par E. Cléder dans sa « Notice sur Corneille Blessebois ». Ce petit volume a été imprimé à Leyde en 1676, le titre est ici renouvelé pour la seconde fois.

70. L'ATTAIGNANT (Abbé de). Poésies contenant tout ce qui a paru de cet auteur sous le titre de Pièces dérobées, avec des augmentations. très-considérables..... *A Londres et se trouvent à Paris, chez Dü-*

chesne, 1757, 4 vol. in-12, mar. vert, fil., dos orné, dent. int., tr. dor. (*Rel. anc.*).

Exemplaire aux armes de Béatrix de CHOISEUL-STAIN-VILLE, duchesse de GRAMONT, sœur du duc de Choiseul, ministre de Louis XV.

71. CHAULIEU. Œuvres. *A la Haye, et se trouve à Paris, chez Claude Bleuet,* 1774, 2 vol. in-8, portrait, mar. rouge, fil., dos orné, pet. dent. int., tr. dor. (*Rel. anc.*).

Exemplaire imprimé sur PAPIER DE HOLLANDE et relié par DEROME, avec son étiquette.

72. BERNIS (Cardinal de). Œuvres. On y a joint le poëme de la religion vengée, ouvrage posthume de l'auteur. *A Paris, de l'Imp. de Didot l'aîné,* 1797, in-8, mar. rouge à longs grains, fil. et pet. dent., dos orné, dent. int., tr. dor. (*Courteval*).

Exemplaire imprimé sur PAPIER VÉLIN, contenant 5 figures (sur 7) tirées en bistre, épreuves AVANT la lettre. Étiquette de Courteval, à l'intérieur du volume.

73. LÉONARD. Idylles et poëmes champêtres. *A la Haye et se trouve à Paris, chez Desenne,* 1782, in-8, mar. rouge, fil., dent. int., tr. dor. (*Rel. anc.*).

Exemplaire imprimé sur GRAND PAPIER ; frontispice dessiné et gravé par *Masquelier.* Le monogramme de la Duchesse de Berry a été frappé sur le premier plat de la reliure, et l'ex-libris de sa Bibliothèque se trouve à l'intérieur du volume.

b. — *Chansons, noëls.*

74. NOUVEAU RECUEIL DE PLUSIEURS CHAN-SONS, honnestes et recreatives, tirées pour la plus-part nouvellemēt de divers poëtes françois ; et autres

depuy gueres imprimées. *A Paris, par Nicolas Bonfons*, 1597, in-12 allongé, 1 f. pour le titre, 297 pp.,
et 4 ff. non chiff. pour la table, mar. vert, fil., dos
orné, dent. int., tr. dor. (*Koehler*).

> Exemplaire de Charles Nodier, d'un volume fort rare;
> le seul cité par Brunet.

75. CABINET DES CHANSONS. Le Cabinet ou tré-
zor des nouvelles chansons. Recueillies de plus rares
et excellents esprits modernes. *A Paris, chez Godefroy
de Billy*, 1602, in-12 de 372 pag. et 5 ff. n. chiff.
pour la table, mar. rouge à longs grains, fil. et écussons sur les plats, dos orné, dent. int., tr. dor. (*Thouvenin*).

> Exemplaire de Charles Nodier dans la reliure aux écus-
> sons. C'est le seul cité. Il a fait successivement partie des
> bibliothèques du Bon Pichon (1869), Renard et Willems.

76. TRÉSOR DES CHANSONS. Le Trésor et recueil
des chansons amoureuses et récréatives. Recueillis
des plus excellens airs de cour; et augmenté d'une
infinité de tresbelles chansons nouvelles. *A Rouen,
chez Robert Valentin, s. d.*, in-12 de 466 pag. et 6 ff.
n. chiff. pour la table, vélin.

> Bel exemplaire, avec quelques témoins, dans sa reliure
> originale.
> Recueil des plus rares.

77. TRÉSOR (Le dernier) des chansons amoureuses
recueillis de plus excellents airs de court et augmen-
tez d'une infinité de très belles chansons nouvelles,
et musicalles. *A Rouen, de l'Imprimerie de Martin le
Mesgissier*, 1609, 2 parties, pet. in-12, non reliées.

> La première partie renferme les « *Airs de court* » (159
> pp. chiff. et 6 pages non chiff. pour la table). — La
> seconde partie a pour titre « Le Trésor des Chansons

amoureuses. Seconde partie » (157 pp. chiff., 7 pp. non chiff. pour la table et 1 feuillet contenant un fleuron au recto) et renferme quelques chansons populaires, telles que *sont les filles de Somme, qui s'en vont au Tresport...*

Les deux recueils sont ornés de petites figures gravées sur bois, dont plusieurs sont répétées; elles proviennent de livres plus anciens.

78. PARNASSE DES MUSES (Le), ou recueil des plus belles chansons à danser. Recherchées dans le Cabinet des plus excellens poëtes de ce temps [suivi du Concert des enfans de Bacchus]. Deuxiesme edition. *A Paris, chez Charles Hulpeau*, 1628, 4 parties, dont 2 pour le *Parnasse* et 2 pour le *Concert*, en 1 vol. pet. in-12, mar. bleu à longs grains, fil., dent. à froid, dos orné, dent. int., tr. dor. (*Rel. romantique*).

Deuxième édition de ce recueil de chansons, en partie libres; il a eu une grande vogue dans son temps et il est encore fort recherché.

Les deux parties du *Parnasse* sont précédées d'un frontispice gravé.

Exemplaire de Charles Nodier ayant fait successivement partie des bibliothèques Baudelocque, de Chaponay, de La Villestreux et Willems.

c. — *Poésies en patois.*

79. ADER (Guillaume). Lov Catovnet gascovn. Boudat à Mousseigne de Fontarailles. *A Thovlovse, per la beuze de Jacqves Colomiez, et Ramond Colomiez*, 1607, in-8, de 32 pp., non relié.

Première édition fort rare et dont l'existence a été mise en doute par l'éditeur des Poésies de G. Ader, publiées à Toulouse en 1904. Elle renferme 100 quatrains, dont 38 furent réimprimés dans le « *Recueil des poésies béarnaises* », publié à Pau en 1827. M. L. Loviot a consacré une notice à cette pièce dans la *Revue des livres anciens*, en 1916.

Exemplaire préparé pour la reliure; à toutes marges.

80. DUPONT. La Douctrino crestiano meso en rimos, per poude estré cantado sur dibérses ayres. Dediado a Mounseignou l'Illustr. é Reverend, Charles de Mountchal archebesque de Toulouso. Per un de sous missiounaris, douctou en Teoúlougio… Tresiémo impressiu augmentado é enritjido de qualques coupplets d'impourtanço. *A Toulouso, De l'Imprimariô d'Arnaud Couloumiés, imprimur ourdinari del Rey,* 1645, in-12 de 289 pag., la dernière non chiff., musique notée, veau fauve, fil., dos orné, dent. int., tr. dor. (*Thouvenin*).

> Catéchisme en vers gascons ; on y trouve la musique notée et d'intéressantes remarques sur la prononciation de la langue gasconne.
> Quelques feuillets sont très rognés en tête.

81. AMILHA. Le Tableu de la bido del parfet crestia, que represento l'exercici de la fe, acoumpaignado de Las bounos Obros. Las Pregarios. Le boun usatge des sacromens. L'eloignomen del peccat, e de las ouccasius que nous y poden pourta. Que pot serbi as Rittous, missiounaris, coufessous, é autres que tribailhon al salut de las armos, é à touto sorto de persounos. E'un dicciounari per l'esclaircissomen des mots les pus dificillés de nostro lenguo explicats en Francès. Fait per le P. A. N. C. Reg. de l'Ordre de S. Aug. *A Toulouso, per Jean Boudo et J. Jaques Boudo,* 1673, in-8 de 26 ff. prélim. n. chiff., 358 pag. et 30 ff. n. ch. pour la table, la musique notée et le dictionnaire; plus 1 f. ajouté pour les errata, veau fauve, fil., dos orné, tr. rouges (*Rel. anc.*).

> EDITION ORIGINALE.
> L'auteur Amilha est nommé dans une édition postérieure, Toulouse, 1703.

82. DELPRAT (Guillaume). Las Bucolicos de Birgilo, tournados en bers agenez per Guillaumes Delprat.

Dambē lou lati à coustat, per fa bcire la fidelitat de la traduction. *A Agen, chez Timotheo Gayau*, 1696, pet. in-8 de 55 ff. chiff. et 1 f. non chifl. pour la fin du privilège, broché.

Traduction en dialecte agenais, rare.

83. DELPRAT (Guillaume). Las Bucolicos de Birgilo, tournados en bers agenez per Guillaumes Delprat. *A Agen, chez Timotheo Gayau*, 1696, pet. in-8 de 55 ff. et 1.f. non chifl. pour la fin du privilège, demi-rel. bas. brune (*Rel. mod.*).

84. CORTÈTE, DE PRADES. La Miramondo, pastouralo, en lengatge d'Agen. Oun an ajoutat las Lermos del Grabé d'Agen, feitos per l'Autur de Ramounet et Miramondo. *A Agen, chez T. Gayau*, 1700, pet. in-8, titre et 94 pag., dos et coins de mar. citron, tête dor. (*Petit, succ. de Simier*).

Exemplaire NON ROGNÉ.

85. CORTÈTE, DE PRADES. Ramounet, ou lou paysan agenés tournat de la guerro, pastouralo. En lengatge d'Agen. Feito et compousado per noble J. J. de Courteto, Seignou de Prados. *A Agen, chez T. Gayau*, 1701, pet. in-8 de 3 ff. prélim. n. chiff. et 102 pag., veau racine, fil., dos orné, tr. marb. (*Rel. de la fin du XVIIIe siècle*).

Exemplaire de Méon.

86. CHRESTIEN (F.). Les Essais d'un bobre africain, seconde édition, augmentée de près du double, et dédiée à Madame Borel jeune, par F. Chrestien. *Ile Maurice, Imprimerie de G. Deroullède et Cie, imprimeurs du Gouvernement*, 1831, in-8 de 79 pp., mar. grenat, jans., dent. int., tr. dor. (*Chambolle-Duru*).

Ce recueil, de François Chrestien de Port-Louis, renferme 46 pièces dont 27 sont écrites en patois créole, ce sont des fables imitées de La Fontaine.

M. L. Loviot a consacré une notice sur le livre et l'auteur dans *Auteurs et livres anciens*.

C. — Poètes étrangers.

87. SANNAZAR. L'Arcadie de messire Jacques Sannazar, gentil homme napolitain, excellent poète entre les modèrnes, mise d'italien en françoys par Jehan Martin secrétaire de Monseigneur Reverendissime cardinal de Lenoncourt. *Ce livre a esté imprimé à Paris par Michel de Vascosan, pour luy et Gilles Corrozet libraire,* 1544, in-8 de 136 ff. dont le dernier blanc, mar. La Vall., jans., dent. int., tr. dor. (*Trautz-Bauzonnet*).

Exemplaire du comte de Béhague.

88. LAZZARELLI da Gubbio. La Cicceide legitima. In questa terza impressione ordinatamente disposta. Ed accresciuta d'alquanti sonetti, che nelle due antecendenti edizioni erano stati omessi. *S. l. n. d.,* in-12 de 228 pp., mar. bleu gris, dos orné, dent. int., tr. dor. (*Koehler*).

L'auteur a voulu ridiculiser, dans ce poème, Bonav. Arrighini de Lucques, sous le nom de D. Ciccio.

Gay et d'Ideville parlent de l'ouvrage comme d'un chef-d'œuvre de verve bouffonne. Bayle, au mot de Lazzarelli, raconte l'histoire du livre et dit de l'auteur : « Sa versification est la plus aisée, la plus naturelle, la plus coulante qui se puisse voir. On y trouve une fécondité surprenante d'imagination... »

Lazzarelli, né vers 1620, mourut en 1694. Il avait plus de 70 ans lorsque cet ouvrage parut.

Exemplaire de Charles Nodier.

89. LINARES (Juan de). Cancionero, llamado Flor

de Enamorados, sacado de diversos·Autores, agora nueuemente por muy lindo orden y estilo copilado. Por Juan de Linares. *Impresso en Barcelona, en casa Sébastian de Cormellas, al call. Año* 1608, in-12 allongé de 138 ff. chiff. et 6 ff. n. chiff. pour la table, vélin à recouvr., liens de peau (*Rel. anc.*).

Recueil rare contenant un certain nombre de pièces en catalan.

Exemplaire parfaitement conservé, dans sa reliure originale.

III. — POÉSIE DRAMATIQUE.

90. NAOGEORGUS. Le Marchand converti, tragédie excellente, en laquelle la vraye et fausse religion, au parangon l'une de l'autre, sont au vif représentées ; pour entendre quelle est leur vertu et effort au combat de la conscience, et quelle doit estre leur issue au dernier jugement de Dieu. Plus une comédie du papé malade, tirant à la fin (trad. du latin par Jean Crespin). *S. l.* (Genève). *Pour Jaques Chouët,* 1594, in-16 de 95 ff. non chiff., mar. vert pomme, compart. de fil. et dent. sur les plats, dos long orné, dent. int., gardes de tabis rose, tr. dor. (*Rel. de la fin du XVIIIe siècle*).

Exemplaire ne contenant pas la *comédie du Pape malade.* Reliure de Bradel-Derome.

91. GARNIER (Robert). Porcie, tragédie françoise, représentant la cruelle et sanglante saison des guerres civiles de Rome : propre et convenable pour y voir depeincte la calamité de ce temps. Par R. Garnier Fertenois, advocat en la Cour de Parlement à Paris... *A Paris, par Robert Estienne,* 1568, in-8 de 36 ff. n.

chiff., mar. bleu foncé, fil., dos orné, dent. int., tr. dor. (*Trautz-Bauzonnet*).

Première pièce publiée par Robert Garnier.
Exemplaire, avec témoins, provenant de la bibliothèque du comte de Lignerolles.

92. AUVRAY (Guillaume). La Madonte du Sr. Auvray, tragi-comédie, dédiée à la Reine. *A Paris, chez Augustin Courbé*, 1631, 14 ff. non chiff., dont un frontispice gravé et 143 pp. — Autres œuvres poétiques du Sr. Auvray. *A Paris, chez Antoine de Sommaville*, 1631, 82 pp. et 1 f. non chiff. — En 1 vol. in-8, mar. rouge, jans., dent. int., tr. dor. (*Trautz-Bauzonnet*).

Exemplaire bien conservé; le frontispice est gravé par *C. David*.

93. FOURNARIS. Angélique, comédie, de Fabrice de Fournaris Napolitain, dit le capitaine Cocodrille comique confidant. Mis en françois, des langues italienne et espagnolle, par le sieur L. C. *A Paris, chez Abel L'Angelier*, 1599, in-12 de 118 ff. chiff., 1 f. de privilège et 1 feuillet blanc, mar. orange, fil. à froid, dent. int., tr. dor. (*Rel. de la fin du XVIIIe siècle*).

Exemplaire de Soleinne, d'une pièce fort rare.

IV. — ROMANS, CONTES ET NOUVELLES.

94. ÆNEAS SYLVIUS. Histoire d'Æneas Sylvius touchant les amours d'Eurialus & Lucrèce, ou est démonstrée l'issue malheureuse de l'amour défendue : traduicte par J. M. A. *Paris, par Anthoine le Clerc*, 1551, in 8 de 80 ff., mar. rouge, motifs de fleurs et

feuillage au milieu des plats, dos orné de fleurons, dent. int., tr. dor. (*Trautz-Bauzonnet*).

Très bel exemplaire de cette traduction due à Jean Millet. Fort rare.

A. — Romans français, contes et nouvelles.

95. RABELAIS. La plaisante et joyeuse histoyre du grand Géant Gargantua. Prochainement reveue et de beaucoup augmentée par l'autheur mesme. *A Valence, chés Claude La Ville,* 1547, 3 part. en 1 vol. in-16 de 246 pag. et 5 ff. bl.; 320 pp. et 349 pp., mar. rouge, fil., dos orné, encadr. int., tr. dor. (*Chambolle-Duru*).

Bel exemplaire de la seconde édition sous cette date ; elle semble imprimée à Rouen à la fin du xvie siècle ou au début du xviie.

96. CRENNE (Helisenne de). Les Angoysses douloureuses qui procedent damours, composées par Dame Helisenne. ⊄ *On les vend à Paris en la grant salle du Palays au premier pillier par Pierre hermier,* 1541, 3 parties en 1 vol., pet. in-8, signat. A-I.; AA-KK; et AAA-FFF, mar. orange, fil. et dos orné, dent. int., tr. dor. (*Niédrée*).

Edition en lettres rondes, ornée de petites vignettes gravées sur bois dans le texte ; elle renferme la *Narration faite par Quezinstra.*
Cachet sur le titre.
Voir sur ce livre et son auteur la notice publiée par M. L. Loviot dans la *Revue des livres anciens.*

97. MOULINET (de). Les Amours de Floris et Cleonthe, par le Sr. Du Parc. *A Paris, chez Jacques de Sanlecque, s. d.,* in-12 de 4 ff. prélim. n. chiff. dont 1 titre

gravé, 604 pag. et 1 f. n. chiff. pour le privilège, vélin souple (*Rel. anc.*).

Bel exemplaire d'un livre très rare.
Il provient de la vente Lobris.

98. MOULINET (de). Les agréables diversitez d'amour, contenant cinq histoires tragiques de ce temps. Sur les adventures de Chrisaure et de Phinimene. Par N. Le Moulinet, sieur du Parc. *A Paris, chez Jean Millot,* 1614, in-12 de 6 ff. prélim. n. ch., 582 pp. et 1 f. n. chiff. pour le privilège, vélin souple (*Rel. anc.*).

, Le f. Aij a été coupé dans cet exemplaire comme dans celui de l'Arsenal ; il provient de la vente Lobris.

99. HISTOIRE COMIQUE DE FRANCION (attribuée à Ch. Sorel). Troisiesme édition reveue et augmentée. *A Paris, chez Pierre Billaine,* 1628, in-8 de 16 ff. prélim. n. chiff. et 874 pag., vélin souple à recouvr. (*Rel. anc.*).

Cette troisième édition est certainement une des plus rares de ce livre.

100. HISTOIRE COMIQUE DE FRANCION. La Vraye histoire comique de Francion. Composée par Nicolas de Moulinet, sieur du Parc, gentilhomme lorrain (attrib. à Ch. Sorel). Soigneusement reveuë et corrigée par Nathanaël Duez, maistre de langues. *A Leyde et Roterdam, chez les Hackes,* 1668, 2 tomes en 1 vol. in-12, frontispices et figures, vélin à recouvr. (*Rel. anc.*).

Jolie édition qu'on joint à la Collection des Elzevier.
Exemplaire très bien conservé provenant de la vente Lobris. H. 133 mill.

101. FURETIÈRE (Antoine). Le Roman bourgeois, ouvrage comique (par Furetière), *A Paris, chez Louys*

Billaine, 1666, in-8, frontisp. gravé, mar. citron, fil., dos orné, dent. int., tr. dor. (*Trautz-Bauzonnet*).

EDITION ORIGINALE, imprimée en gros caractères ; avec le frontispice gravé qui manque souvent.
Exemplaire du B^on de La Roche Lacarelle dans une excellente reliure de Trautz dont les bords ont un peu bruni.

102. BLESSEBOIS (P. Corneille). Œuvres satiriques. *A Leyde*, 1676, 3 vol. in-12, frontisp. gravé, mar. rouge à longs grains, fil., dos orné, tête dor. (*Rel. du début du XIXe siècle*).

Recueil fort rare qui se joint à la Collection elzévirienne. Willems n° 1895.
Exemplaire précieux, entièrement NON ROGNÉ. Il se compose de l'*Almanach des belles pour l'année* (en vers), de l'*Eugénie*, tragédie (en vers) et du *Rut ou la pudeur éteinte* (prose), 3 parties en 1 vol.
Cet exemplaire provient des ventes Sensier, Montaran, Chaponay et Béhague.

103. BLESSEBOIS (P. Corneille). Le Lion d'Angélie, histoire amoureuse et tragique. *A Cologne, chés Simon l'Africain*, 1676, frontisp. et 168 pag. — Le Temple de Marsias. *Ibid., id.*, 1676, 44 pp., 2 ouv. en 1 vol. pet. in-12, mar. vert, fil., dos orné, dent. int., tr. dor. (*Rel. du XVIIIe siècle*).

Petit roman des plus rares imprimé à Leyde par les Elzevier. Le *Lion d'Angélie* est dédié à M. Elzevier, capitaine ordinaire de mer pour le service de la République de Hollande et le *Temple de Marsias*, à Emerentia van Swanevelt, épouse de M. Elzevier auquel la première partie est dédiée.
Charmant exemplaire d'une parfaite conservation.

104. LUPANIE. Histoire amoureuse de ce temps. *A*

Pari (sic), *chez Jann* (sic) *Pierre de Marteau*, 1669, pet. in-12 de 118 pag. et 1 ff. blanc, mar. bleu, jans., dent. int., tr. dor. (*Chambolle-Duru*).

Edition imprimée en Hollande de ce roman licencieux attribué à Corneille Blessebois.

Bel exemplaire provenant de la vente Lobris, relié depuis.

105. ZOMBI (Le) du Grand Pérou : ou la Comtesse de Cocagne. *Nouvellement imprimé le 15 Feurier 1697.* *S. l.*, in-12 de 2 ff. pour le faux titre et le titre, 6 et 145 pp. chiff., titre imprimé en rouge et noir, mar. brun à longs grains, compart. de fil., milieu et coins ornés à petits fers, dos orné, dent. int., tr. dor. (*Thouvenin*).

Livre des plus curieux dont l'auteur est Corneille Blesbois ; il est fort rare.

Entre le titre et le commencement du texte se trouvent 6 pp. chiff., contenant une poésie intitulée : *Portrait de la comtesse de Cocagne.* Gay n'indique pas ces 6 pages : Brunet non plus, mais il signale « le portrait de la comtesse de Cocagne » laissant croire qu'il s'agit d'une gravure.

M. L. Loviot, dans la *Revue des livres anciens*, 1916, fasc. III, a consacré une longue et intéressante notice sur l'auteur et son livre le *Zombi du Grand Pérou.*

106. HAMILTON. Mémoires de la vie du comte de Grammont, contenant particulièrement l'histoire amoureuse de la cour d'Angleterre sous le règne de Charles II (par le comte Antoine Hamilton). *A Cologne, chez Pierre Marteau*, 1713, in-12, mar. orange, fil., dos orné, dent. int., tr. dor. (*Trautz-Bauzonnet*).

EDITION ORIGINALE.

107. HISTOIRE DE GUILLAUME. *S. l. n. d.*, 2 part. en 1 vol. in-12, titre gravé répété aux deux parties,

mar. rouge, fil., dos orné, dent. int., tr. dor. (*Koehler*).

Ce petit volume, renfermant quatre aventures d'amour, a été réimprimé dans les *Œuvres badines* du comte de Caylus. Exemplaire de Charles Nodier.

108. VOLTAIRE. Candide ou l'Optimiste; traduit de l'allemand de Mr. le Docteur Ralph. *S. l.*, 1759, in-12 de 299 pag., dos et coins de basane faûve, tr. jasp. (*Rel. anc.*).

Véritable édition originale, probablement imprimée à Genève.

109. CENT NOUVELLES NOUVELLES (Les). Suivent les cent Nouvelles contenant les Cent histoires nouveaux, qui sont moult plaisans à raconter, en toutes bonnes compagnies, par manière de joyeuseté. Avec d'excellentes figures en taille-douce, gravées sur les desseins du fameux Mr. Romain de Hooge. *A Cologne, chez Pierre Gaillard*, 1701, 2 tomes en 1 vol. pet. in-8, vélin à recouvr. tr. jasp. (*Rel. anc.*).

Premier tirage des figures; elles sont tirées dans le texte. Bel exemplaire de la vente Lobris, d'une conservation parfaite.

110. MARGUERITE DE NAVARRE. Histoires des amans fortunez. Dédiées à tresillustre princesse Madame Marguerite de Bourbon, duchesse de Nivernois. *A Paris, par Gilles Gilles*, 1558, pet. in-4 de 19 ff. prélim. non chiff. et 184 ff. chiff., mar. bleu, entrelacs de fil. et de fers azurés, dos orné, dent. int., tr. dor. (*Lortic*).

Première édition, fort rare, des contes de la reine Marguerite, publiée par Pierre Boaistuau, surnommé

Launay. Elle ne contient que 67 nouvelles et Boiastuau a supprimé les arguments et la division en journées, ainsi que certains passages jugés trop hardis.

Le dernier feuillet est refait, comme dans beaucoup d'exemplaires connus.

111. MARGUERITE de Navarre. L'Heptameron des Nouvelles de tresillustre et tresexcellente princesse Marguerite de Valois, Royne de Navarre. Remis en son vray ordre, confus auparavant en sa première impression, et dédié à très illustre et très vertueuse princesse Jeanne, Royne de Navarre, par Claude Gruget parisien. *A Lyon, par Guillaume Roville,* 1561, in-16, mar. orange, guirlande de fleurs et feuillage au centre des plats, dos orné, dent. int., tr. dor. (*Trautz-Bauzonnet*).

Exemplaire bien relié provenant de la bibliothèque H. Bordes.

112. DU FAIL (Noël). Les Contes et discours d'Eutrapel par le feu seigneur de la Hérissaye (Noël du Fail) gentilhomme breton. *A Rennes, pour Noël Glamet, de Quinpercorentin,* 1603, in-8 réglé de 4 ff. prélim. non chiff., 224 ff. mal chiff. et 1 feuillet blanc, mar. citron, fil., dos orné, dent. int., tr. dor. (*Trautz-Bauzonnet*).

Bel exemplaire de la bibliothèque Rattier.

113. COMPTES DU MONDE ADVENTUREUX (les) par A. D. S. D. *A Paris, par Estienne Groulleau,* 1555, in-8, 12 ff. prélim. n. chiff. dont le 6e blanc et 245 ff. chiff. et 3 pag. non chiff. pour le privilège, veau fauve, fil. et fleurons à froid, tr. jaunes (*Rel. anc.*).

Recueil de 54 nouvelles, dont 19 sont tirées de Masuccio. Brantôme les attribue à un valet de chambre de la reine de Navarre.

Exemplaire dans sa reliure du xvie siècle, un peu réparée.

114. DESPÉRIERS. Les Nouvelles récréations et joyeux devis de feu Bonaventure des Périers, valet de chambre de la Royne de Navarre. *A Lyon, de l'imprimerie de Robert Granjon,* 1558, in-4 de 6 ff. prélim. n. chiff., 107 ff. chiff. et 1 f. non chiff. contenant un sonnet, basane brune, fil. et fleurons à fr. (*Rel. du XVIe siècle*).

Edition originale, fort rare ; elle est imprimée en caractères de civilité.

« Très bel exemplaire, grand de marges et d'une fraicheur parfaite, malgré un grattage au titre et une petite brûlure dans la marge du f. 36 ; légers défauts qu'il eût été facile de faire réparer, mais j'ai jugé préférable de conserver tel quel ce précieux exemplaire. Il est dans sa reliure originale de basane dont le dos manquant a été refait par Bénard avec beaucoup de soins et de discrétion. » L. Loviot.

115. DESPÉRIERS. Les Nouvelles récréations et joyeux devis de feu Bonaventure Des Periers, valet de chambre de la Royne de Navarre. *Lyon, Guillaume Roville,* 1561, in-4 de 239 pag. et 4 ff. n. chiff. pour la table, mar. rouge, fil., dos orné, dent. int., tr. dor. (*Trautz-Bauzonnet*).

C'est une erreur de donner cette édition comme plus complète que la précédente (1558), elle la reproduit exactement, mais elle est fort bien imprimée et ne le cède en rien en sa devancière.

Très bel exemplaire de Charles Nodier, réglé en rouge et or, relié depuis par Trautz.

Cet exemplaire est certainement le plus beau connu avec celui de Yemeniz, aujourd'hui chez M. Moura.

116. DESPÉRIERS. Les Nouvelles récréations et joyeux devis de feu Bonaventure des Périers, valet de chambre de la Royne de Navarre. *A Lyon, par Benoist Rigaud,* 1567, in-16 de 156 ff. chiff. et 4 ff. n. chiff. pour la table, mar. rouge, milieux et angles des plats

avec motifs à la rose, dos orné, dent. int., tr. dor.
(*Trautz-Bauzonnet*, 1848).

Cette édition semble faite d'après celle de 1561, elle lui
est conforme, sauf que la nouvelle *De l'honesteté de M. Sal-
zard*, qui devrait se trouver p. 146 à la suite de *Du Ban-
doulier Cambaire...* n'a pas été reproduite.

Charmante reliure « à la rose » de Trautz. Seul exemplaire cité de cette édition provenant de la vente Delzolliés.
Le feuillet Aij manque ; il contenait seulement la pièce
Au lecteur; on l'a remplacé ici par un feuillet de papier
ancien.

117. DESPÉRIERS. Les Nouvelles récréations et joyeux
devis. Augmentées et corrigées de nouveau, 1572, *à
Paris, par Nicolas Bonfons*, in-16 de 294 ff. chiff: et
8 ff. n. chiff. pour la table et le sonnet final, mar.
orange, milieu orné de fers XVIᵉ siècle, fleuron sur le
dos, dent. int., tr. dor. (*Trautz-Bauzonnet*).

Titre compris dans un encadrement gravé sur bois.
Le sonnet final, au dernier feuillet, est signé de la de-
vise : *Attendant mieux.*
Très bel exemplaire provenant de la bibliothèque
Robert Hoe.

118. DESPÉRIERS. Contes et Nouvelles et joyeux devis
de Bonaventure Des Periers. *A Amsterdam, chez Jean
Frédéric Bernard*, 1711, 2 tomes en 1 vol. in-12, frontisp. gravé, mar. vert, fil., dos orné, dent. int., tr.
dor. (*Trautz-Bauzonnet*).

Joli exemplaire, relié sur brochure.

119. NOUVELLE FABRIQUE (la) des excellens traits
de vérité, livre pour inciter les resveurs tristes & mé-
rancoliques (sic) à vivre de plaisir. Par Philippe
d'Alcrippe, sieur de Neri, en Verbos. Nouvelle édition reveuë, corrigée et augmentée. *Imprimé cette
année s. d. (Rouen, Viret vers* 1732), in-12 de 220 pag.

et 4 ff. n. chiff., placés après le titre contenant un
avis de l'éditeur au lecteur, mar. bleu foncé, fil., dos
orné; dent. int., tr. dor. (*Bauzonnet-Trautz*).

Nouvelles facétieuses publiées par Adrien Larchevêque,
médecin à Rouen.

Exemplaire du comte de Toulouse dont les armes, prises
à l'ancienne reliure, ont été collées à l'intérieur de la nouvelle.

Il provient en dernier lieu de la vente Robert Hoe.

120. JOYEUSES AVENTURES (Les), et nouvelles
récréations, contenant plusieurs comtes (*sic*) et face-
tiux (*sic*) devis. Reveu et augmenté de nouveau. *A
Lyon, par Benoist Rigaud,* 1582, in-16 de 241 pag. et
6 ff. de table n. chiff., mar. citron à longs grains,
dent. et milieux à froid, fleurons aux angles, dos orné,
tr. dor.

Exemplaire de Charles Nodier.

Ce recueil n'est pas, comme le dit Brunet, formé de
contes empruntés pour la plupart aux *Joyeux devis*; sur les
89 (et non 100 comme l'indique la table) contes des
« Joyeuses aventures », 76 viennent de La Motte Roul-
lant, 8 du *Recueil des plaisantes et facétieuses nouvelles,* 4 de
Despériers, 1 de Pogé (Voir *Revue des Livres anciens,* I,
p. 210).

Si l'exemplaire est dans une curieuse reliure romantique, il faut bien reconnaître qu'il est assez médiocre, in-
complet du dernier feuillet blanc, jauni, pourvu de marges
insuffisantes, mais il porte l'ex-libris de Nodier, et ceci
peut compenser cela.

C'est un livre rare, quatre ou cinq exemplaires seulement ont passé dans les ventes.

121. SYLVAIN (Alexandre). Epitomes de cent histoires
tragicques, partie extraittes des Actes des Romains &
autres, de l'invention de l'autheur, avecq' les demandes, accusations & deffences sur la matière d'icelles.
Ensemble quelques poëmes, le tout par Alexandre

Sylvain. *A Paris, par Nicolas Bonfons,* 1581, in-8 de 8 ff. prélim. n. chiff., 295 ff. et 1 f. n. chiff. pour les errata, vélin à recouvr. (*Rel. anc.*).

> Les *Cent histoires tragiques* sont suivies du *Premier livre de la poésie françoise* d'Alexandre Sylvain : odes, sonnets, madrigaux, etc.
> Exemplaire d'une conservation parfaite et dans sa première reliure.

122. FACÉTIEUSES JOURNÉES (Les), contenans cent certaines et agréables nouvelles : la plus part advenuës de nostre temps, les autres recueillies et choisies de tous les plus excellents autheurs estrangers qui en ont escrit. Par G. C. D. T. (par Gabriel Chappuis, de Tours). *A Paris, pour Jean Houzé,* 1584, in-8 de 14 ff. n. chiff. et 357 ff. chiff., mar. rouge à longs grains, encadr. de dent. à froid et fil. dor., dos orné, tr. dor. (*Rel. angl. du début du XIXᵉ siècle*).

> Un des livres les plus rares de la classe des Conteurs.

123. CHOLIÈRES. Les Après dinées du seigneur de Cholières. *A Paris, chez Jean Richer,* 1588, in-12 de 8 ff. prélim. n. chiff. et 240 ff. chiff., mar. bleu foncé, fil., dos orné, dent. int., tr. dor. (*Trautz-Bauzonnet*).

> Bel exemplaire du baron de Ruble.

124. BOUCHET (Guillaume). Premier (second, troisième) livre des Sérées de Guillaume Bouchet, sieur de Brocourt. *A Lyon, par Thibaud Ancelin,* 1608, 3 vol. in-12, mar. rouge, fil., dos orné, dent. int., tr. dor. (*Trautz-Bauzonnet*).

> Edition la plus complète.
> Bel exemplaire, bien relié, provenant de la bibliothèque Bocher.

125. GOULART (Simon). Thrésor d'histoires admirables et mémorables de nostre temps, recueillies de plusieurs autheurs, mémoires et avis de divers endroits. Mises en lumière par Simon Goulart, senlisien. *A Genève, pour Samuel Crespin,* 1620-1614 (1614 pour le dernier vol.) ; 4 tomes en 2 vol. in-8, vélin à recouvr., tr. bleues (*Rel. anc.*).

> Exemplaire très bien conservé provenant de la vente Lobris.

126. MENOU (René de). Les Heures perdues de R. D. M. Cavalier françois, dans lequel les esprits mélancoliques trouveront des remèdes propres pour dissiper cette fascheuse humeur. *A Lyon, par Claude Larjot,* 1615, in-12 de 2 ff. n. chiff. et 360 pag., vélin souple (*Rel. anc.*).

> Première édition, très raré, de ce recueil de 27 nouvelles qui eut cinq éditions de 1615 à 1662. M. L. Loviot a démontré que l'auteur de ces contes est René de Menou, seigneur de Charmisay (Voir : *Revue des Livres anciens,* tome I).
> Exemplaire de la vente Lobris.

127. SOREL (Charles). La Maison des Jeux où se trouvent les divertissements d'une compagnie, par des narrations agréables, et par des jeux d'esprits et autres entretiens d'une honneste conversation. Dernière édition, revue, corrigée et augmentée. *A Paris, chez Antoine de Sommaville,* 1657, 2 vol. in-8, mar. rouge, fil., dos orné à la grotesque, tr. dor. (*Rel. anc.*).

> « La Maison des Jeux, dont l'auteur est Charles Sorel, sieur de Souvigny, est un recueil de nouvelles empruntées, pour la plupart, à des sujets bourgeois. A ces nouvelles sont mêlés des entretiens satiriques ou divertissants et des règles relatives aux jeux de société. Nulle part peut-être on ne trouve sur nos anciens jeux autant de renseignements curieux. » E. Picot. *Catalogue James de Rothschild,* n° 1706.
> Bel exemplaire du duc de Lavallière, relié par Padeloup.

128. ROSSET (François de). Les Histoires tragiques de notre temps... composées par François de Rosset... seconde édition, reveuë, corrigée et augmentée par l'autheur. *A Paris, de l'imprimerie de François Huby,* 1616, in-12, vélin (*Rel. anc.*).

129. PARIVAL (de). Histoires facetieuses et moralles, assemblées & mises au jour par J. N. D. P. (par J.-N. de Parival) avec quelques Histoires tragiques, *A Leiden, chez Salomon Vaguenaer*, 1663, 2 part. en 1 vol. pet. in-12 réglé, mar. bleu, fil., dos orné, dent. int., tr. dor. (*Trautz-Bauzonnet*).

La plus jolie des deux éditions données par le même libraire ; elle s'ajoute à la Collection des Elzevier.

130. TORCHE (Abbé de). Le Chien de Boulogne, ou l'amant fidelle. Nouvelle galante. *A Cologne, chez Pierre du Marteau*, 1669, pet. in-12 de 179 pag., mar. vert, fil., dos orné, dent. int., tr. dor. (*Trautz-Bauzonnet*).

Edition imprimée par Ph. Vleugart, de Bruxelles ; elle se joint à la Collection des Elzévier (Willems n° 2044).
L'Abbé de Torche ayant été éconduit par une demoiselle à laquelle il faisait une cour assidue, attribua sa défaite à la mère de cette personne, et s'en vengea en la peignant dans ce livre, de couleurs les plus odieuses sous le nom de Linganfer.

131. AULNOY (Mme d'). Les Contes de Fées, par Madame D**, auteur des mémoires et voyage d'Espagne. Tome premier (et second). *A la Haye, chez Meindert Uytwerf*, 1698, 2 tomes in-12, frontisp. gravés. — Les Illustres fées, contes galans, dédié aux Dames, par Madame D***. *Ibid., Id.*, 1698, frontisp. gravé, 3 part. en 1 vol. in-12, vélin à recouvr., tr. jasp. (*Rel. anc.*).

Exemplaire de la vente Lobris très bien conservé dans sa première reliure.

132. PERRAULT (Charles). Contes de Monsieur Perrault, avec des moralitez. Nouvelle édition. *A Paris,
au Palais, chez Nicolas Gosselin*, 1724, in-12 de 4 ff.
prélim., 233 pag. chiff. et 3 pag. non chiff. pour la
table et le privilège, mar. bleu, fil., dos orné, tr. dor.
sur témoins (*Trautz-Bauzonnet*).

> Joli exemplaire, NON ROGNÉ, relié sur brochure. Les
> feuillets sont NON COUPÉS.

133. HAMILTON. Le Bélier, conte (par le comte Antoine Hamilton). *A Paris, chez Jean Fr. Josse*, 1730,
in-12, mar. orange, fil., dos orné, dent. int., tr. dor.
(*Trautz-Bauzonnet*).

> EDITION ORIGINALE.

134. CHRONIQUE BURLESQUE, ou recueil d'histoires divertissantes et d'avantures comiques, arrivées
de fraîche date dans les païs voisins. *A Londres, chez
Pierre du Noyer*, 1742, in-12, 6 ff. prélim. n. chiff.,
308 pag. et 2 ff. blancs, mar. vert foncé, fil., dos
orné, dent. int., tr. dor., non rogné (*Bauzonnet*).

> Bel exemplaire de Charles Nodier, relié sur brochure.

A. — Romans étrangers, contes et nouvelles.

135. GIRALDI. Premier (et second) volume des Cent
excellentes nouvelles de M. Jean Baptiste Giraldy
Cynthien, gentilhomme ferrarois... mis d'italien en
françois par Gabriel Chappuys, tourangeau. *A Paris,
pour Abel L'Angelier, libraire juré*, 1584, 2 vol. in-8,
mar. bleu, fil., dos orné de compart. de fil. et de
feuillages, dent. int., tr. dor. (*Trautz-Bauzonnet*).

> Très bel exemplaire dans une belle et excellente reliure
> de TRAUTZ.
> Sur le titre, cachet de la bibliothèque de Louis-Philippe.

136. BANDELLO. Histoires tragiques, extraites des œuvres italiennes de Bandel et mises en langue françoise, les six premières, par Pierre Boisteau, surnommé Launay, natif de Bretaigne. Les douze suyvans, par François de Belle-Forest, Comingeois. *A Rouen, chez Adrian de Launay*, 1603-1604, 7 vol. in-16, vélin à recouvr. (*Rel. anc.*).

Exemplaire bien complet et d'une conservation parfaite ; il est dans sa première reliure.

137. BANDELLO. Dernier volume des Nouvelles de Bandel, traduites d'italien en françois, reveu et corrigé de nouveau. *A Lyon, par Alexandre Marsilii*, 1577, in-16 de 8 ff. prélim. n. chiff. et 172 ff. chiff., vélin ivoire à recouvr., filet, milieu et dos ornés (*Rel. anc.*).

Très rare édition. Sur les 28 nouvelles qui composent le volume, 2 n'ont pas été reproduites dans l'édition de Rouen, A. De Launay 1603, qui précède. Ce volume complète donc l'édition collective.

Exemplaire dans sa reliure originale avec les initiales H et M sur les plats.

138. STRAPAROLE. Les Facetieuses nuictz du seigneur Jan François Straparole : Aveq les Fables et énigmes, racontées par deux jeunes gentilzhommes, et dix damoiselles. Nouvellement traduittes d'italien en françois, par Jan Louveau. *A Lyon, par Guillaume Rouille*, 1560, in-8 de 367 pag., vélin à recouvr. (*Rel. anc.*).

Ce petit volume, fort rare et bien imprimé, donne la traduction, par Jean Louveau, des cinq premières nuits de Straparole ; le titre est dans un bel encadrement gravé sur bois d'après *P. Vase.*

Exemplaire très bien conservé provenant de la vente Lobris.

139. CAPELLONI. Les Divers discours de Laurent

Capelloni, sur plusieurs exemples et accidens meslez, suivis et advenuz. *A Troyes pour Jean Le Noble, et à Paris, chez Michel Sonnius,* 1595, in-12 de 40 ff. n. chiff., 277 ff. chiff., 1 f. blanc, vélin souple à recouvr., liens de peau (*Rel. anc.*).

Recueil d'anecdotes et de récits divers traduits par Larivey, champenois.

Exemplaire très bien conservé donné à M. L. Loviot par Pierre Louÿs.

---

140. MONTEMAJOR. Los siete libros de la Diana de George de Monte-Mayor. Où sous le nom de bergers et bergères sont compris les amours des plus signalez d'Espagne. Traduits d'espagnol en François et conferez ès deux langues par S. G. Pavillon. *A Paris, chez Anthoine du Brueil,* 1603, in-12, 4 ff. n. ch., 357 ff. chiff. par erreur 349 et 11 ff. chiff., vélin ivoire souple, plats et dos entièrement couverts de comp. de filets droits et courbes remplis de feuillages, rinceaux à pet. fers, tr. dor., étui mod. (*Rel. anc.*).

Charmante reliure du commencement du xviie siècle qui peut être attribuée aux Eve. Elle n'a subi aucune restauration.

141. HURTADO DE MENDOZA. La Vie de Lazarille de Tormes, et de ses fortunes & adversitez. Traduicte nouvellement d'espagnol en françois, par M. B. P. *A Paris, chez Rolet Boutonné,* 1623, 232 pag. — Seconde partie de la vie de Lazarille de Tormes, tirée des vieilles chroniques de Tolède, traduicte nouvellement d'espagnol en françois, par L. S. D. (d'Audiguier le jeune). *A Paris, chez Rolet Boutonné,* 1620, titre et 288 pag. — Ens. 2 vol. in-12, mar. violet, compart. de fil., fleurons aux angles, dos orné, dent. int., tr. dor. (*L. Tripon*).

Nº 140.

142. ALEMAN (Mateo). Le Gueux, ou la vie de Guzman d'Alfarache, image de la vie humaine... divisée en trois livres. *A Lyon, de l'Imprimerie de Simon Rigaud, marchand libraire,* 1639, 2 vol. in-8, mar. violet foncé, dos orné, dent. int., tr. dor. (*Heldt*).

> Traduction de Chapelain.
> « La reliure est fort médiocre, mais l'ouvrage est rare et je n'ai pu trouver mieux, le volume est parfaitement conservé, ce qui n'arrive pas souvent pour des livres de ce genre. » L. Loviot.

143. DE FOE. La Vie et les aventures surprenantes de Robinson Crusoe, traduit de l'anglois (de Daniel De Foe par Saint-Hyacinthe et van Effen). *Amsterdam, L'Honoré et Chatelain,* 1720-1721, 3 vol. in-12, 3 cartes et 21 fig., mar. brun, fil., dos orné, tr. dor. (*Trautz-Bauzonnet*).

> Bel exemplaire dans une excellente reliure.

V. — FACÉTIES. — DISSERTATIONS SINGULIÈRES, ETC.

144. DU FAIL (Noël). Discours d'aucuns propoz rustiques facecieux et de singulière recreation, de maistre Léon Ladulfi Champenois, reveuz et amplifiez par l'un de ses amys. *A Paris, par Estienne Groulleau,* 1548, in-16 de 95 ff. n. chiff., mar. bleu, fil., dos orné, dent. int., tr. dor. (*Koehler*).

> Edition fort rare, plus complète que les deux éditions publiées à Lyon et à Paris, en 1547. Voir la notice de M. L. Loviot, sur ces diverses éditions, dans la *Revue des livres anciens.*

Bel exemplaire de Charles Nodier ayant fait successivement partie des bibliothèques Baudelocque, Turner et Willems.

145. ENTRÉE DE LA REINE GILLETTE. Description de la superbe et imaginaire entrée faite à la Royne Gijllette passant à Venise en faveur du Roy de Malachie, son futur époux, le premier jour de septembre 1602. Traduitte de langue caractérée en langue françoise. *A Lyon, par Jean Bon-hômme, s. d.*, très pet. in-8 de 12 ff. n. chiff., mar. vert, fil., dos long, dent. int., tr. dor. (*Koehler*).

Exemplaire un peu court de marges d'une facétie rare.

146. TABOUROT. Les Bigarrures et touches du Seigneur des Accords. Avec les apophtegmes du sieur Gaulard et les Escraignes dijonnoises. Dernière édition. De nouveau augmentée de plusieurs épitaphes, dialogues & ingénieuses équivoques. *A Paris, par Jean Richer, 1614;* 5 part. en 1 vol. in-12, mar. bleu, fil., dos orné, dent. int., tr. dor. (*Trautz-Bauzonnet*).

Bel exemplaire, réglé, provenant de Veinant. Édition rendue particulièrement importante par l'adjonction de nombreuses poésies satyriques qui paraissent ici pour la première fois.

147. TABOUROT. Les Bigarrures et touches du seigneur des Accords, avec les apophtegmes du sieur Gaulard et les Escraignes dijonnoises. Dernière édition, de nouveau augmentée de plusieurs épitaphes, dialogues, et ingénieuses équivoques. *A Paris, chez Arnould Cotinet, 1662,* 2 part. en 1 vol. in-12, mar. bleu gris à longs grains, fil., dos orné, dent. int., tr. dor. (*Koehler*).

Dernière édition ancienne de ce recueil curieux et une des plus complètes.
Bel exemplaire de Charles Nodier.

148. PROCÈS DE CARESME PRENANT. Procez et amples examinations sur la vie de Caresme Prenant, dans lesquels sont amplement descrites toutes les tromperies, astuces, caprices, bisarreries, fantasies, brouillemens, inventions, subtilitez, folies et desbordemens qu'il a commises et fait practiquer en la présente année. Avec la sentence, mandement et banissement general donnez et publiez contre luy, de l'ordonnance et commission du seigneur Caresme. Traduict d'italien en françois. *Et se vend ruē Sainct Jacques, à l'enseigne Sainct Nicolas,* 1609, in-8 de 16 pp., mar. vert, jans., dent. int., tr. dor. (*Duru,* 1850).

> C'est le libraire René Ruelle, fils de Jean II, qui demeurait à l'adresse de Saint Nicolas.
> Joli exemplaire de la seconde édition aussi rare que la première.
> Charmante plaquette de Duru.

149. TESTAMENT DE LA BIÈRE. Le Bragardissime et joyeux testament de la Bière. Dedié aux magnanimes biberons pour les festes de Caresme-prenant. *S. l.,* 1611, in-8 de 13 pp. et 1 f. blanc, mar. bleu, jans., dent. int., tr. dor. (*Duru et Chambolle,* 1863).

> Facétie rare et curieuse.
> Exemplaire ayant fait partie des bibliothèques du baron J. Pichon, Potier et Léon Techener ; le seul cité dans le *Supplément* de Brunet.

150. BEROALDE DE VERVILLE. Le Moyen de parvenir, œuvre contenant la raison de ce qui a esté, est, et sera ; avec démonstrations certaines et nécessaires, selon la rencontre des effects de vertu.... *Imprimé ceste année,* in-12 de 432 pag., vélin souple (*Rel. anc.*).

> Exemplaire bien conservé d'une édition rare, imprimée vers 1650.

151. BRUSCAMBILLE. Les Œuvres de Bruscambille contenant ses fantasies, imaginations et paradoxes, et autres discours comiques. Le tout nouvellement tiré de l'escarcelle de ses imaginations. Reveu et augmenté par l'autheur (le Sr Des Lauriers). *A Rouen, chez Robert Séiourné,* 1629, in-12 de 488 pag. et 2 ff. de table n. chiff., mar. orange, fil., dos orné, dent. int., tr. dor. (*Trautz-Bauzonnet*).

> Cette édition renferme, comme celle de Rouen 1623, les *Bonnes mœurs des femmes,* morceau licencieux qui manque à la plupart des éditions précédentes.
> Joli exemplaire.

152. TRONCY (B. de). Formulaire fort récréatif de tous contracts, donations, testamens, codicilles & autres actes qui sont faits & passez pardevant notaires & tesmoins. Faict par Bredin le cocu, notaire rural, et contreroolleur des Basses-Marches, au royaume d'Utopie : par luy depuis n'aguères reveu et accompagné, pour l'édification de tous bons compagnons, d'un dialogue par luy tiré des œuvres du philosophe et poète grec Symonides, de l'origine et naturel fœminini generis. *A Lyon, chez Pierre Rigaud,* 1610, in-16 de 284 pag., 1 f. n. chiff. pour l'index et 1 f. blanc, mar. rouge à longs grains, fil. et dent. sur les plats, dos orné, dent. int., tr. dor. (*Ducastin*).

> Exemplaire un peu court de marges en tête.

153. FAVORAL. Les Plaisantes journées du Sr Favoral, ou sont plusieurs rencontres subtilles pour rire en toutes compagnies. *A Paris, chez Jean Corrozet,* 1620, in-12 de 144 pag., veau fauve, fil., dos orné, tr. rouges (*Rel. anc.*).

> Exemplaire de Coulon, du baron Pichon (Vte de 1869) et de Potier.

154. THRESOR DES RÉCRÉATIONS contenant his-

toires facetieuses et honnestes, propos plaisans &
pleins de gaillardises, faicts & tours joyeux, plusieurs
beaux énigmes, tant en vers qu'en prose, & autres
plaisanteries... *A Rouen, chez Jean Osmont,* 1611, in-12
de 311 pp., mar. bleu, fil., dos orné, dent. int., tr.
dor. (*Trautz-Bauzonnet*).

Exemplaire portant l'ex-libris de Robert Hoe, un peu
court, en tête, par endroits.

155. THRESOR DES RÉCRÉATIONS contenant histoires facetieuses et honnestes, propos plaisans &
pleins de gaillardises, faicts & tours joyeux, plusieurs
beaux énigmes, tant en vers qu'en prose, et autres
plaisanteries, tant pour consoler les personnes qui du
vent de bize ont esté frappez au nez, que pour recréer
ceux qui sont en la miserable servitude du tyran d'Ar-
gencourt. *A Rouen, chez Jean de la Mare,* 1627, in-12
de 428 pag. et 1 f. n. chiff. pour l'Achevé d'impri-
mer de Jean l'Oyselet, mar. vert foncé, fil., dos orné,
dent. int., tr. dor. (*Bauzonnet*).

Bel exemplaire de Charles Nodier.

156. TABARIN. Recueil général des œuvres et fantaisies de Tabarin, divisé en deux parties. Contenant ses
rencontres, questions et demandes facétieuses avec
leurs responces. A cette sixiesme édition est adjoustée
la deuxiesme partie des questions et farces non encore
veuës ny imprimées. *A Paris, chez Anthoine de Sommaville,* 1623, 2 part. en 1 vol. in-12, mar. vert, fil.,
dos orné, dent. int., tr. dor. (*Trautz-Bauzonnet*).

157. RECUEIL des caquets de l'accouchée. *S. l. (Paris),*
1622, 7 plaquettes in-8, dans un étui forme livre.

EDITIONS ORIGINALES des diverses pièces composant
cette spirituelle facétie; elles sont toutes datées de 1622.
Le Caquet de l'acouchée, 24 pp. — La seconde apres-
disnée du caquet de l'acouchée, 32 pp. — La troisiesme

apres-disnée du caquet de l'acouchée, 32 pp. — La responce aux trois caquets de l'acouchée, 16 pp. — La dernière après disnée du caquet de l'acouchée, 16 pp. — L'Anti caquet de l'acouchée, 14 pp. — Le Caquet des poissonnieres, 16 pp. — Le passe-partout du caquet des caquets de la nouvelle acouchée, 31 pp.

158. DISCIPLE DE VERBOQUET (Le). Les Subtiles et facécieuses rencontres de I. B., disciple du généreux Verboquet, par luy pratiquées pendant son voyage, tant par mer que par terre, le tout au contentement des plus mélancoliques. *A Paris, de l'Imprimerie de J. Martin et de Jean de Bordeaux,* 1630, in-12 de 71 pag., mar. bleu cendré, compart. de fil. à la Du Seuil, fleurons aux angles, dos orné, dent. int., tr. dor. (*Bauzonnet-Trautz*).

Joli exemplaire avec de nombreux témoins.

159. TOMBEAU DE LA MÉLANCHOLIE (le) ou le vray moyen de vivre joyeux. Seconde édition, reveuë, corrigée et augmentée par le sieur D. V. G. *A Paris, chez Charles Sevestre,* 1634, in-12, frontisp. gravé par Michel van Lochom, 2 ff. n. chiff. et 330 pag., mar. vert, compart. et dent., dos orné, dent int., tr. dor. (*Rel. de la fin du XVIIIe siècle*).

Seconde édition de ce recueil facétieux.
Bel exemplaire de Méon, ayant fait successivement partie des bibliothèques Hebbelinck, de Chaponay, Potier et Villard, de Lyon.
Reliure dans le genre de Bradel-Derome.

160. FACETIEUX RESVEILMATIN (le) des esprits mélancoliques, ou rémède préservatif contre les tristes. Auquel sont contenües les meilleures rencontres de ce temps, capables de resjouir toutes sortes de personnes, et divertir les bonnes compagnies. *A Leyde, chez David Lopez de Haro,* 1643, pet. in-12, frontisp. gravé, daté

de 1644, titre, 358 pp. et 8 ff. n. chiff., le dernier blanc, mar. vert, fil. à froid, tr. dor. (*Bauzonnet*).

Edition la plus ancienne; elle a été imprimée par Fr. Heger, de Leyde, et se joint à la Collection des Elzévier.

161. FACETIEUX REVEILLE-MATIN (le) des esprits mélancholiques ou le remède préservatif contre les tristes. Auquel sont contenües les meilleures rencontres de ce temps, capables de rejoüyr toutes sortes de personnes, et divertir les bonnes compagnies. En cette dernière édition, augmentée de divers contes très récréatifs. *A Paris, chez Claude Barbin, au signe de la Croix, 1668*, in-12, titre, 251 pp. et 5 ff. n. ch., mar. bleu cendré, compart. de fil., dos orné, dent. int., tr. dor. (*Thouvenin*).

Cette édition, classée dans un ordre différent de la précédente, renferme de nombreuses additions.
Joli exemplaire de Cigongne et de G. de Villeneuve.

162. GIBECIÈRE DE MOME (la) ou le thresor du ridicule, contenant tout ce que la galanterie, l'histoire facétieuse et l'esprit égayé ont jamais produit de subtil et d'agréable pour le divertissement du monde. *A Paris, chez Anthoine Robinot, 1644*, in-8, frontisp. gravé, 5 ff. non chiff. et 475 pp., mar. lie de vin, pet. dent. sur les plats, dos orné, dent. int., tr. dor. (*Rel. de la fin du XVIIIe siècle*).

Exemplaire de Méon; la marge (du bas) du frontispice est plus courte.

163. ROGER BONTEMPS en belle humeur, donnant aux tristes et aux affligés le moyen de chasser leurs ennuis, et aux joyeux le secret de vivre tousjours contens. *A Cologne, chez Pierre Marteau (à la Sphère), 1670*, pet. in-12, frontisp. gravé, 4 ff. prélim. n.

chiff. et 496 pag., mar. rouge, fil., dos orné, dent. int., tr. dor. (*Trautz-Bauzonnet*).

Première édition, la plus jolie et la plus recherchée.

164. ENFANT SANS SOUCY (L'), divertissant son père Roger Bontemps, et sa mère Boute tout cuire. *A Ville Franche, chés Nicolas l'Enjoué, à l'enseigne de la Vigne fleurie*, 1682, in-12 de 4 ff. prélim. n. chiff. et 400 pp., mar. rouge foncé, fil., dos orné, dent. int., tr. dor. (*Bauzonnet-Trautz*).

Exemplaire du comte de Chaponay.
L'Enfant sans soucy est un des recueils de contes, gros et plaisants, les plus dignes d'entrer dans le cabinet d'un amateur qui aime à rire à ses heures. (Paul Lacroix.)

165. COURRIER FACÉTIEUX (le) ou recueil 'des meilleurs rencontres de ce temps. *A Lyon, chez Jean Baptiste de Ville*, 1658, in-8, frontisp. gravé, titre, 384 pp. et 10 ff. n. chiff. pour la table, mar. bleu vert à longs grains, compart. de fil. et fleurons aux angles, dos orné, dent. int., tr. dor. (*Muller*).

Bel exemplaire de Charles Nodier d'un livre rarement en bon état.

166. GRAND ERRATUM, source d'un nombre infini d'errata à noter dans l'histoire du 19e siècle. *Agen, Imprimerie de Prosper Noubel*, 1835, in-32, faux titre, titre, et 45 pp., mar. bleu jans., 7 fil. à l'int., tr. dor., couverture imp. (*Chambolle-Duru*).

EDITION ORIGINALE de cette célèbre facétie.
Exemplaire relié avec la couverture dont la quatrième page contient une grande gravure sur bois représentant la statue de Napoléon qui se trouvait alors sur la colonne Vendôme.

———————

167. ACIDALIUS. Disputatio perjucunda, qua ano-

nymus probare nititur mulieres homines non esse : cui opposita est Simonis Gedicci sacros. Theologiae doctoris defensio sexus muliebris, quâ singula anonymi argumenta, distinctis thesibus proposita, viriliter enervantur. Editio novissima. *Hagae-comitis excudebat J. Burchornius*, 1644, pet. in-12 de 191 pag. et 1 f. d'errata, mar. rouge, fil., dos orné, tr. dor. (*Rel. anc.*).

Ce petit volume renferme la curieuse dissertation d'Acidalius et la réponse de Gedike qui a pris trop au sérieux la facétie d'Acidalius dont les plaisanteries trop libres en firent défendre la vente et poursuivre en justice l'éditeur.
Joli exemplaire dans une fraîche reliure ancienne.

168. HIPPOLYTUS REDIVIVUS, id est remedium contemnendi sexum muliebrem. Autore S. I. E. D. V. M. W. A. S. *Anno* 1644, pet. in-12 de 96 pag., mar. rouge, fil., dos orné, dent. int., tr. dor. (*Rel. anc.*).

Première édition de ce traité singulier.
Exemplaire de La Monnoye avec sa devise manuscrite sur le titre.

169. CHORIER (Nicolas). Nouvelle traduction du Mursius connu sous le nom d'*Aloisia ou de l'Académie des dames*; revue, corrigée et augmentée. *A Cythère, dans l'Imprimerie de la Volupté*, 1749, 2 tomes en 1 vol. pet. in-8, mar. rouge, fil., dos orné, dent. int. (*Bauzonnet-Trautz*).

Première édition de la traduction française ; les figures annoncées sur le titre ne sont pas dans le volume.
Joli exemplaire relié sur brochure et entièrement NON ROGNÉ.

170. BIBLIOTHÈQUE D'ARÉTIN (La), contenant les pièces marquées à la table suivante. *A Cologne, chez Pierre Marteau (Hollande)*, s. d., pet. in-12 de 2 ff.

prélim. non chiff. et 404 pp., mar. citron, fil., dos orné, dent. int., tr. dor. (*Trautz-Bauzonnet*).

Ouvrage très rare renfermant : *l'École des filles*; *la Putain errante*, par l'Arétin ; *Marthe le Hayer, ou mademoiselle de Scay*, petite comédie en vers (par Corneille Blessebois); *Comédie galante de Madame d'Olonne*, par M. de Bussy ; *Nouvelles leçons du commerce amoureux*, par la sçavante T*** ; *Filon réduit à mettre cinq contre un, amusement pour la jeunesse*, par Corneille Blessebois; maximes d'amour; vers gaillards, etc.

Bel exemplaire provenant en dernier lieu de la vente Rattier.

VI. — PHILOLOGIE.

171. ESTIENNE (Henri). Francofordiense emporium, sive francofordienses nundinæ... *Anno* 1574, *Excudebat Henricus Stephanus*, 4 ff. prélim. n. chiff., 31 et 120 pag. — Epigrammata græca, selecta ex anthologia interpretata ad verbū, & carmine, ab Henrico Stephano... *Anno* 1570, *Excudebat Henricus Stephanus*, 4 ff. prélim. n. chiff. et 311 pag. Ens. 2 part. en 1 vol. in-8, vélin à recouvr., liens de peau (*Rel. anc.*).

Bel exemplaire, parfaitement conservé, de ce très rare et très curieux opuscule d'Henri Estienne. Il est placé à la fin du volume.

172. ESTIENNE (Henri). L'Introduction au traité de la conformité des merveilles anciennes avec les modernes, ou Traité préparatif à l'Apologie pour Hérodote. *S. l., l'an 1566, au mois de novembre*, in-8 de 36 ff. prélim. n. chiff. et 680 pp., mar. vert olive, fil., dent. int., tr. dor. (*Rel. anc.*).

Réimpression sous la même date que l'édition originale. Exemplaire un peu roux par endroits, mais bien conservé et dans une bonne reliure ancienne.

173. DESPÉRIERS. Cymbalum mundi en françoys contenant quatre dialogues poétiques, fort antiques, joeux et facetieux Probitas laudatur & alget, 1538, pet. in-8 de 28 ff. n. chiff., mar. bleu à longs grains, large encadr. de fers dor. et à froid sur les plats, dos orné, doublé de mar. rouge, dent. int., gardes de papier dor., tr. dor. (*Simier*).

Copie manuscrite fac-similé, sur PEAU DE VÉLIN, par Fyot. La Supplique de Jehan Morin y est jointe. Très curieuse reliure de Simier.

Ce manuscrit a appartenu à Charles Nodier (cat. 1827, n° 257) qui écrit dans son catalogue : « Belle copie figurée sur peau de vélin, un des chefs-d'œuvre de Fyot : on y a joint la copie figurée très exacte et très belle, aussi sur peau de vélin, de la requête de Morin, imprimeur de la première édition, d'après l'original de la bibliothèque du Roi. On ne pense pas qu'il en existe une autre, du moins de la main de Fyot. » Ch. N.

174. GUÉRET. La Guerre des autheurs anciens et modernes. Avec la requeste et arrest en faveur d'Aristote (par Boileau). *A La Haye, chez Arnout Leers, le fils*, 1671. *Sar la copie imprimée à Paris*, in-12, 3 ff. n. chiff. et 201 pp., mar. rouge, fil. à fr., dent. int., tr. dor. (*Duru*).

Exemplaire de Charles Nodier, possédant un double titre, celui transcrit plus haut.

Il est accompagné de la note suivante dans le catalogue de Nodier :

« Le titre de cette édition n'est pas toujours tel qu'il est donné ci-dessus. Ce n'est qu'après coup qu'on s'avisa d'y joindre sous la même chiffrature la *Requeste et l'Arrest* qui faisaient bruit dans le monde pour faciliter le débit du volume, et les exemplaires de la nature du mien sont fort rares. Il a l'avantage tout à fait particulier de réunir les deux titres et de fournir la preuve de cette très petite anecdote littéraire. »

175. MENAGIANA ou les bons mots et remarques cri-

tiques, historiques, morales et d'érudition, de Monsieur Menage, recueillies par ses amis. Troisième édition, plus ample de moitié, et plus correctes que les précédentes. *Paris, Florentin Delaulne*, 1715, 4 vol. in-12, veau marb., dos orné, tr. rouges (*Rel. anc.*).

Les nombreux cartons des passages supprimés sont ajoutés à la fin des volumes, sauf pour le premier.
Bel exemplaire dans une bonne reliure.

---

176. ERASMUS. Familiarivm colloqviorvm T. Erasmi Rot. opus, ab autore diligēter recognitum, emendatum, et locupletatū, adiectis aliquot nouis. *Apud Gryphivm Lugdvni, anno*, 1531, in-8 de 594 pages chiff. et 1 feuillet non chiff. pour l'Index, veau brun, compart. de fil. et ornements à froid sur les plats, tr. jaunes (*Rel. du XVIe siècle*).

Edition imprimée en caractères italiques ; elle est rare et non citée dans la *Bibliotheca Erasmiana*. Reliure bien conservée.
Marque de Sébastien Gryphe sur le titre et au verso du dernier feuillet.

177. TAHUREAU. Les Dialogues de feu Jaques Tahureau, gentilhomme du Mans, non moins profitables que facetieus. Où les vices d'un châcun sont repris fort âprement, pour nous animer davantage à les fuir et suivre la vertu. A Monsieur M. François Pierron. *A Paris, Chés Gabriel Buon*, 1565, in-8 de 12 ff. n. chiff. et 267 pag., veau fauve, dos orné, tr. rouges (*Rel. anc.*).

Bel exemplaire de l'édition originale de ces dialogues, portant l'ex-libris de Baron et celui de Charles Nodier (Cat. de 1844, n° 1103). Dans le catalogue de ce dernier, on lit cette note : « Bel exemplaire d'un livre agréable qui n'est pas très rare et qui mérite d'être recherché autant que s'il était presque impossible à trouver. Je connais peu d'ouvrages du xvie siècle plus spirituels et plus réellement facétieux que celui-ci. »

Exemplaire ayant fait aussi partie des bibliothèques de Du Fay, de Odiot et de Potier. C'est un livre rare en aussi belle condition que cet exemplaire.

---

178. TRÉSOR DES SECRÉTAIRES. Le Trésor des secrétaires, auquel est compris la manière de composer et escrire toutes sortes d'Epistres, ou Lettres missives, tant par responces, qu'autrement. *A Rouen, chez Jean Osmont,* 1597, pet. in-12 de 2 ff. prélim. n. chiff., 178 pag., et 4 ff. n. chiff pour la table et 1 f. blanc, mar. La Vall., fil., dos orné, tr. dor. (*J. Moreau*).

Exemplaire de Yeméniz, le seul cité par Brunet.

179. DU TRONCHET (Étienne). Lettres missives et familières d'Est. du Tronchet, secrétaire de la Royne mère du Roy. A Messire Albert de Gondy, conte, doyen baron de Rectz... Nouvellement reveuës et corrigées. *A Paris, pour Lucas Breyer,* 1571, in-8 de 8 ff. prélim. n. chiff., 321 ff. et 7 ff. n. chiff., vélin souple à recouvr., filet et milieux dorés, dos orné, tr. dor. (*Rel. anc.*).

Exemplaire d'une conservation parfaite.

VII. — POLYGRAPHES

180. PLUTARQUE. Œuvres, traduites du grec par Jacques Amyot, avec des notes et des observations de M. l'abbé Brotier. *Paris, Jean-Baptiste Cussac,* 1783-

1787, 22 vol. in-8, mar. vert, fil., dos orné, tr. dor. (*Rel. anc.*).

22 figures par *Borel, de Fraine, Le Barbier, Marchand, Marechal, Marillier, Monnet, Moreau, Myris*, gravées par *Baquoy, Levillain, de Longueil, Patas*, etc.

181. PLUTARQUE. Epitome ou abrégé des vies de cinquante et quatre notables et excellens personnaiges, tant grecs que romains, mises au parangon l'une de l'autre, extrait du grec de Plutarque de Chaeronée. Premier volume. *A Paris, de l'imprimerie de Philippe Danfrie, et Richard Breton. Avec privilège du Roy*, 1558, in-8, 8 ff. non chiff., 244 ff. chiff. et 2 ff. non chiff. mar. vert, milieu orné à petits fers, dos orné de fleurons, dent. int., tr. dor. (*Trautz-Bauzonnet*).

Bel exemplaire de ce rare volume, imprimé en caractères de civilité ; le seul paru de cette traduction due à Philippe des Avenelles.

182. BÉROALDE DE VERVILLE. Le Palais des Curieux. Auquel sont assemblés plusieurs diversitez pour le plaisir des Doctes, & le bien de ceux qui désirent sçavoir. *A Paris, chez la Veufve M. Guillemot, & S. Thiboust*, 1612, in-12 de 8 ff. prélim. n. chiff. et 584 pag., veau fauve, dos orné, dent. int., tr. rouges (*Rel. anc.*).

La seule édition de ce recueil signalée par Brunet.
Exemplaire portant la signature de Ballesdens et provenant des bibliothèques de Cisternay du Fay et Turner.

183. MOREL (Fédéric). Les Merveilles de la Mer. Enuoyées n'agueres de Cypre en France. *A Paris, chez Federic Morel*, 1611, 24 pp. — Dialogue de Theophylacte Simocate svr diverses questiōs natureles, vtiles et plaisantes ; et leurs solutions. *Ibid., id.*, 1608, 70 pp. et 1 f. de table non chiff. — Panegyri-

que de l'Empereur Leon, sur l'Annonciation faicte par l'Ange à la très-sacrée vierge Marie. *Ibid., id.*, 1608, 3 ff. non chiff., 20 pages chiffrées 3-20. — Traicté de S. Basile le grand, archevesque de Caesaree en Cappadoce, du Sainct Esprit, et des dons et graces qu'il nous départ. *Ibid., id.*, 1608, 24 pp. — Sermons de S. Bernard svr la Pvrification de la S. Vierge. *Ibid., id.*, 1612, 6 ff. chiff. — Exhortation svr le sacré sainct banqvet de la table de Dieu, et sur le pseaume 74. *A Paris, chez François Jacquin,* 1613, 23 pages. — Priere chrestienne ov parafrase de l'Oraison Dominicale, tirée des vers Latins du Poëte Ausone. *A Paris, chez Fed. Morel,* 1610, 12 pages: En 1 vol. pet. in-12, mar. vert à longs grains, encad. de fil., dent. int., tr. dor. (*Purgold*).

> Exemplaire de Charles Nodier, qui a écrit la note suivante sur le feuillet de garde : « Recueil précieux et probablement formé par Fédéric Morel lui-même, de ses petites traductions dont la plupart sont inconnues aux bibliographes.
>
> « Le *Théophylacte Simocate* est une pièce aussi curieuse que rare. Un exemplaire fort mediocre de ce livret seul a été payé 17 francs à la vente de mes livres. » Ch. Nodier.

184. RECUEIL de quelques pièces nouvelles et galantes, tant en prose qu'en vers. *A Cologne, chez Pierre du Marteau,* 1667; 2 parties en 1 vol. pet. in-12, mar. bleu foncé, fil., dos orné, dent int., tr. dor. (*Bauzonnet-Trautz*).

> Imprimé à Amsterdam par Daniel Elzévier.
> *Voyage de Chapelle et Bachaumont.* — *Discours et satyres de Boileau.* — *Plainte de la France à Rome* par Corneille. — *Elégie aux Nymphes de Vaux,* etc.

185. RECUEIL DE PIÈCES GALANTES, en prose et en vers, de Madame la Comtesse de la Suze, d'une autre Dame, et de Monsieur Pelisson. Augmenté de plusieurs Elégies. Tome premier. *Sur la copie, à Paris,*

chez Gabriel Quinet, 1678, 3 part. en 1 vol. in-12 de 617 pag., mar. bleu foncé, fil., dos orné à la rose, dent. int., tr. dor. (*Trautz-Bauzonnet*).

Bel exemplaire.

———

186. BEMBO. Le Prose di M. Pietro Bembo... *In Vinegia appresso Gabriel Giolito de Ferrari*, 1561, 26 ff. n. chiff., 258 pag. et 1 f. n. chiff. — Rime di M. Pietro Bembo... *In Vinegia appresso Gabriel Giolito de Ferrari*, 1569, 192 pag. — Tavola di tutte le desinentie delle rime di M. Pietro Bembo... *In Vinegia appresso Gabriel Giolito de Ferrari*, 1569, 143 pag. Ens. 3 part. en 1 vol. in-12, mar. vert à longs grains, fil. et fleurons aux angles des plats, dos orné, dent. int., tr. dor. (*Koehler*).

Exemplaire de Charles Nodier (1829) portant, sur une feuille de garde, cette note de sa main : « Il est probable que cette édition des *Proses* est fort rare, puisqu'elle a échappé aux bibliographes italiens qui font tant de cas de l'édition des *Rimes*, tout à fait ménechme de celle-ci. Ces deux charmants volumes sont réunis dans mon exemplaire. A la vérité, les Rimes ne sont pas à la date de 1564 ; mais on sait depuis longtemps que la même édition a paru sous différentes dates, et presque tous les ans depuis 1562. L'identité de cet exemplaire de 1569 a été vérifiée avec le plus grand soin. Les *Rimes* seules se sont vendues 68 fr. en Italie, Gradenigo. » Ch. NODIER.

HISTOIRE

187. MUNSTER (Sébastien). Cosmographiae universalis lib. VI... autore Sebast. Munstero (à la fin). *Basileæ apud Henrichum Petri, mense martio anno salutis*, 1550, in-fol., portrait, cartes, planches et fig., le tout gravé sur bois, ais en bois recouverts de peau de truie avec compart. de fil. et de fers à froid (*Rel. du XVIe siècle*).

Bon exemplaire bien conservé dans sa reliure originale à laquelle les fermoirs manquent.

« C'est le premier livre du xvie siècle que j'aie acheté. J'avais dix-sept ans alors. J'ai lu avec passion le vieux Munster qui, le premier, éveilla en moi un goût très vif pour les choses de son époque. » L. Loviot.

188. VILLAMONT. Les Voyages du Seigneur de Villamont, chevalier de l'Ordre de Hierusalem, gentilhomme ordinaire de la chambre du Roy. Divisez en trois livres. Dernière édition reveuë, corrigée, et cottée par l'autheur. *A Lyon, par Claude Lariot*, 1606, in-8, 8 ff. n. chiff., 510 pp. et 20 ff. n. ch., vélin (*Rel. anc.*).

Très intéressante relation d'un voyage à Jérusalem, par l'Italie, la Grèce et la Turquie ; elle eut un grand succès et une vingtaine d'éditions de 1595 à 1620.

Voir la notice de M. L. Loviot dans la *Revue des livres anciens*.

Les gardes sont modernes.

189. GOMARA. Histoire généralle des Indes Occiden-
tales et terres neuves, qui jusques à présent ont esté
descouvertes. Traduite en François par M. Fumée,
sieur de Marly le Chastel. *A Paris, chez Michel Sonnius,* 1580. *Avec privilège du Roy,* in-8, 6 ff. lim. non
chiff., 355 ff. chiff. et 15 ff. non chiff. pour la table,
mar. bleu, jans., dent. int., tr. dor. (*Duru et Chambolle,* 1863).

Bel exemplaire, avec témoins.

190. SORBIÈRE. Relation d'un voyage en Angleterre
où sont touchées plusieurs choses qui regardent l'estat
des sciences et de la religion, et autres matières cu-
rieuses. *A Cologne, chez Pierre Michel,* 1666, in-12 de
6 ff. prél. n. chiff. et 192 pag., mar. rouge, compart.
de fil. et fleurons aux angles, dos plat orné, dent. int.,
tr. dor. (*Thouvenin*).

Très bel exemplaire NON ROGNÉ de Ch. Nodier (Cat.
de 1829), et portant l'ex-libris du comte de La Bédoyère.
Il est cité par Willems (n° 1760).

191. BELON. Les Observations de plusieurs singularitez et choses mémorables, trouvées en Grèce, Asie,
Judée, Egypte, Arabie et autres pays estranges, rédi-
gées en trois livres, par Pierre Belon du Mans. *A
Paris, en la boutique de Gilles Corrozet,* 1555, in-4 de
12 ff. prélim. n. chiff., 211 ff. ch., 1 f. n. chiff.
pour le privilège, encad. au titre, portrait et figures
gravés sur bois, vélin à recouvr. (*Rel. anc.*).

Bel exemplaire bien complet et parfaitement conservé,
dans sa reliure originale.

On lit sur le titre « *C'est A Phés de Pontoux ...T' 1637
Leû.* »

« Les *Observations* de Belon sont un livre tout à fait remarquable et fort intéressant ; c'est de plus un livre très

difficile à trouver bien conservé et de bonne date. J'ai attendu dix ans avant de rencontrer un exemplaire comme celui-ci. » L. Loviot.

---

192. LIVIUS (Titus). T. Livii patavini, historiarum ab urbe condita, libri, qui extant, XXXV. Cum universae historiae epitomis... Adjunctis scholijs Caroli Sigonii, quibus ijdem libri, atque epitoma partim emendantur. Secunda editio. *Venetiis, Apud Paulum Manutium, Aldi F.*, 1566, 2 part. en 1 vol. in-fol., mar. rouge, compart. de fil., dos orné, tr. jasp. (*Rel. anc.*).

---

193. MONLUC (Blaise de). Commentaires de messire Blaise de Monluc, mareschal de France. *A Bourdeaus, par S. Millanges, imprimeur ordinaire du Roy*, 1592, in-fol. de 2 ff. prélim., 276 ff. chiff. et 8 ff. non chiff. pour le *Tumulus*, veau de diverses couleurs, compart. sur les plats, dos orné, tr. dor. (*Rel. anc.*).

Edition originale devenue rare.
Bel exemplaire, grand de marges, aux armes d'Ilten (Hanovre).

194. LÉGENDE de domp Claude de Guyse, abbé de Cluny, contenant ses faits et gestes, depuis sa nativité jusques à la mort du Cardinal de Lorraine : et des moyens tenus pour faire mourir le roy Charles neufième, ensemble plusieurs princes, grands seigneurs et autres, durant ledit temps (attribué à Jean Dagoneau). *S. l.*, 1581, in-8, 10 ff. non chiff. et 256 pp., veau marb., dos orné, tr. rouges (*Rel. anc.*).

Exemplaire portant sur la garde cette note au crayon :

« A Louis Loviot, affectueux souvenir de ses belles découvertes sur *Dagoneau-Cholières*. »

PIERRE LOUYS.

195. LÉGENDE DE MAISTRE JEAN POISLE (la), conseiller en la cour de Parlement de Paris, contenant quelques discours de sa vie, actions et déportements en son estat, et les moyens qu'il a tenus pour s'enrichir. *Imprimé l'an de grace,* 1576, in-8 de 70 pag. la dernière blanche, mar. rouge, fil., dos long orné, dent. int., tr. dor. (*Rel. anc.*).

Très bel exemplaire de Renouard relié par DEROME, avec l'étiquette de ce dernier à l'intérieur du volume.

196. CICQUOT. Les Paraboles de Cicquot, en forme d'aduis, sur l'estat de Roy de Nauarre. *A Paris, Jouxte la coppie imprimée à Lyon,* 1593, pet. in-8 de 64 pp., demi-rel. veau brun, tr. dor. (*Rel. mod.*).

Libelle facétieux et fort piquant contre Henri IV ; l'auteur s'y est caché sous le nom de Cicquot ou Chicot fou de cour alors vivant (Brunet, *Manuel du libraire*).

197. VARENNE (Claude de). Le Voyage de France, dressé pour l'instruction et commodité tant des françois que des estrangers. A Monseigneur le comte de Schlesuuic & Holstein, etc. Seconde édition, corrigée et augmentée. *A Paris, chez Olivier de Varennes,* 1641, in-8 de 10 ff. prélim. n. chiff., 60, 288 pag. chiff. par erreur 290 et 18 ff. n. chiff. pour la table, vélin à recouvr. (*Rel. anc.*).

Bel exemplaire de ce curieux guide.
Il provient de la vente Lobris.

198. CORROZET. Les Antiquitez, croniques et singularitez de Paris, ville capitalle du Royaume de France. Avec les fondations et bastiments des lieux : les sépulchres et epitaphes des princes, princesses, et

autres personnes illustres. Par Gilles Corrozet, parisien, et depuis augmentées par N.-B. parisien. *A Paris, par Nicolas Bonfons, 1586,* 16 ff. n. ch. et 212 ff. — Les Antiquitez et singularitez de Paris. Livre second. De la sépulture des Roys, et Roynes de France, Princes, Princesses et autres personnes illustres : représentez par figures ainsi qu'ils se voyent encore à présent es églises où ils sont inhumez. Recueillis par Jean Rabel. M. paintre. *Ibid., id.,* 1588, 4 ff. n. ch., 121 ff. et 3 ff. n. ch., 2 part. en 1 vol. in-8, vélin souple à recouvr., liens de peau (*Rel. anc.*).

Exemplaire d'une conservation parfaite, provenant de la vente Lobris.

199. HAITZE (P.-J. de). L'Esprit du cérémonial d'Aix, en la célébration de la Fête-Dieu. Par Pierre-Joseph Haitze. Recedant vetera, nova sint omnia. Troisième édition. *A Aix, chez la veuve de J. David et E. David,* 1758, pet. in-12 de 55 pag., mar. rouge, fil., dos long orné, tr. dor. (*Rel. anc*).

Bel exemplaire de Méon et de Nodier (Cat. de 1829).

---

200. MARLIANUS. Topographia antiquae Romae. Joanne Bartholemæo Marliano Patritio Mediolanensi autore. *Apud Seb. Gryphium Lugduni,* 1534, in-8, 4 ff. prélim. dont le titre, 313 pp. et 7 ff. n. chiff. pour l'index, mar. La Vall., compart. de fil. à froid, fleurons dorés aux angles et sur le dos, dent. int., tr. dor. (*Capé*).

Les 3 feuillets préliminaires contiennent une lettre de Rabelais, datée de Lyon, septembre 1534, et adressée à Jean du Bellay.
Bel exemplaire de Taschereau.

201. SAINT-DIDIER (de). La Ville et la république de Venise, par le sieur T. L. E. D. M. S. de St Disdier. Troisième édition reveuë et corrigée par l'autheur. *A Amsterdam, chez Daniel Elsevier*, 1680, in-12, mar. rouge, fil., dos orné, dent. int., tr. dor. (*Trautz-Bauzonnet*).

Willems, n° 1587.

202. PERNETTI (Abbé Jacques). Le Repos de Cyrus, ou l'histoire de sa vie, depuis sa seizième jusqu'à sa quarantième année. *A Paris, chés Briasson*, 1732, 3 tomes en 1 vol. in-8, mar. bleu foncé, fil., dos orné, tr. dor. (*Rel. anc.*).

4 figures par *Bonnard*, gravées par *Scotin*.
Excellente reliure.

BIBLIOGRAPHIE — RELIURE
CATALOGUES

203. ANALECTA-BIBLION, ou extraits critiques de divers livres rares, oubliés ou peu connus, tirés du cabinet du marquis D. R*** (Du Roure). *Paris, Techener*, 1836-1837, 2 vol. in-8, demi-rel. veau rouge, dos orné, tr. jasp. (*Rel. de l'époque*).

> Recueil curieux ; le premier ouvrage analysé est un « *fragment d'une explication allégorique du* « Cantique des « cantiques », attribué à un trouvère du XIIIe siècle ; le dernier est l'*Espion dévalisé*, 1783.

204. ALPHABETISCHES VERZEICHNIS der Franzoesischen Litteratur in der Herzoglichen Bibliothek zu Wolfenbuettel. *Wolfenbuettel, Verlagsbuchhandlung von Julius Zwissler*, 1894, pet. in-4, dos et coins de mar. grenat, tête dor., non rogné, couverture (*Stroobants*).

205. ASSELINEAU (Charles). Bibliographie romantique. Catalogue anecdotique des éditions originales des œuvres de Victor Hugo, Alfred de Vigny, Prosper Mérimée, Jules Janin, etc., etc. Seconde édition revue et très augmentée, avec une eau-forte de Bracquemond. *Paris, P. Rouquette*, 1872, in-8, dos et coins de chag. bleu, tête dor., non rogné, couverture (*Stroobants*).

> Exemplaire contenant l'*Appendice*.

206. BEHRENS (Dietrich). Bibliographie des patois gallo-romans. Deuxième édition revue et augmentée par l'auteur, traduite en français par Eugène Rabiet. *Berlin, W. Gronau,* 1893, in-8, cartonn., dos et coins mar. grenat, tête dor., non rogné, couvert. (*Stroobants*).

On a relié avec cet exemplaire : KŒRTING (Dr. G.) et KOSCHWITZ (Dr. E.). Zeitschrift für französische Sprache und Litteratur, herausgegeben von Dr. D. Behrens. *Berlin, Gronau,* 1903.

207. BÉRALDI (Henri), 1865-1885, Bibliothèque d'un bibliophile. *Lille, Imp. L. Danel,* 1885, pet. in-8, cartonn., dos et coins de mar. grenat, non rogné, couvert. (*Champs*).

Catalogue raisonné de la bibliothèque de M. Eugène Paillet, tiré à 200 exemplaires sur papier de Hollande.

208. BÉRALDI (Henri). Estampes et Livres, 1872-1892. *Paris, L. Conquet,* 1892, gr. in-8, dos et coins mar. bleu, tête dor., non rogné, couverture (*Stroobants*).

Frontispice et 41 planches hors texte, fac-simile de reliures, en noir et en couleurs.
Envoi autographe de l'auteur sur le faux titre.

209. BÉRALDI (Henri). La Reliure du XIXe siècle. *Paris, L. Conquet,* 1895, 4 vol. gr. in-8, vélin blanc à recouvr., dos orné, non rognés (*Couvert.*).

Belle publication imprimée à 295 exemplaires numérotés sur PAPIER VÉLIN DU MARAIS et ornée de nombreuses et belles planches de reliures.
On y a joint le manuscrit autographe de M. Ernest Quentin-Bauchart de la *Lettre ouverte adressée par un vénérant Trautzolatre à l'auteur de la Reliure du XIXe siècle* (7 ff.) et la lettre à M. Pierre Dauze qui accompagnait l'envoi de ce manuscrit.

210. BIBLIOGRAPHIE des ouvrages relatifs à l'amour, aux femmes, au mariage, et des livres facetieux, pantagruéliques, scatologiques, satyriques, etc., par M. le C. d'I***. Quatrième édition entièrement refondue, augmentée et mise à jour par J. Lemonnyer. *Paris, Lemonnyer*, 1894-1900, 4 vol. in-8 dont un de table, dos et coins de chag. brun, tête dor., non rognés, couverture (*Pagnant*).

211. BONNEAU (Alcide). Curiosa. Essais critiques de littérature ancienne, ignorée ou mal connue. *Paris, Isidore Liseux,* 1887, pet. in-8, cartonn. dos et coins de vélin blanc, non rogné (*Couvert.*).

212. BRIVOIS (Jules). Bibliographie des ouvrages illustrés du xixe siècle, principalement des livres à gravures sur bois. *Paris, Rouquette,* 1883, in-8, papier vergé, dos et coins mar. grenat, tr. marb. (*Féchoz*).

213. BRUNET (Ch.). Recherches bibliographiques et critiques sur les éditions originales des cinq livres du roman satirique de Rabelais et sur les différences de texte qui se font remarquer particulièrement dans le premier livre du Pantagruel et dans le Gargantua. On y a joint une revue critique des éditions collectives du même roman, et, de plus le texte original des Grandes et inestimables croniques de Gargantua. *Paris, Potier,* 1852, in-8, dos et coins de mar. La Vall. clair, tête dor., non rogné, couverture (*Stroobants*).

Petit cachet sur le titre.

214. BRUNET et DESCHAMPS. Manuel du libraire et de l'amateur de livres. Cinquième édition originale, entièrement refondue et augmentée d'un tiers par l'auteur. 6 vol. — Supplément. 2 tomes en 1 vol. — Dictionnaire de géographie. 1 vol. *Paris, Firmin*

Didot et Cie, 1860-1880. Ens. 8 vol. in-8, dos et coins de mar. grenat, tête dor., non rognés (*Pagnant*).

Bel exemplaire.

215. BRUNET (Gustave). Fantaisies bibliographiques. —LACROIX (P.) (le bibliophile Jacob). Dissertations bibliographiques. Enigmes et découvertes bibliographiques. 2 vol. — TRICOTEL (Ed.). Variétés bibliographiques. *Paris, Jules Gay, Ad. Lainé*, 1863-1866, ens. 4 vol. in-12 cartonn., dos et coins de mar. bleu, vert, grenat à longs grains, tête dor., non rognés (*Stroobants*).

216. BRUNET (Gustave). Notices et extraits de quelques ouvrages écrits en patois du midi de la France. *Paris, Leleux*, 1840. — REBOUL (Robert). Bibliographie des ouvrages écrits en patois du midi de la France et des travaux sur la langue romano-provençale. *Paris, Techener*, 1877. Ens. 2 vol. pet. in-8 cartonn., dos et coins de toile grise, et vélin blanc (*Stroobants*).

217. BRUNET (Gustave). Les Fous littéraires. Essai bibliographique sur la littérature excentrique, les illuminés, visionnaires, etc. par Philomneste Junior (Gustave Brunet). *Bruxelles, Gay et Doucé*, 1880, pet. in-8, cartonn., dos et coins de mar. grenat à longs grains, tête dor., non rogné, couverture (*Stroobants*).

218. BULLETIN DE LA LIBRAIRIE MORGAND, depuis le début, Janvier 1876, jusqu'en Mars 1904, 10 vol. — Le même, nouvelle série, de 1904 à 1913, 3 vol. — Répertoire pour les années 1878, 1882, 1893, 1912-1913. 4 vol. — Catalogues avec couverture saumon, 1906-1907, 1 vol. *Paris, Morgand et Ed. Rahir*, 1876-1913. Ens. 18 vol. in-8 dont 16 rel. dos et coins de chag. bleu, et 2 cartonn., toile rougeâtre (*Stroobants*).

Catalogues de ventes et de bibliothèques.

219*. BANCEL (E.-M.). Livres précieux et manuscrits avec miniatures. *Paris, A. Labitte,* 1882, in-8, dos et coins de mar. grenat, tête dor., non rogné (*Stroobants*).

> Papier de Hollande.
> Prix et noms des acquéreurs à l'encre.

220*. BÉHAGUE (Cte O. de). Livres, rares et précieux. *Paris, Porquet,* 1880, in-8, dos et coins de mar. bleu, tête dor., non rogné, couverture (*Stroobants*).

> Papier de Hollande.
> Prix et noms des acquéreurs à l'encre.

221*. CIGONGNE (Armand). Livres manuscrits et imprimés. Notice bibliographique par M. Leroux de Lincy. *Paris, chez Potier,* 1861, in-8, mar. rouge, fil., dos orné, dent. int., tr. dor. (*Trautz-Bauzonnet*).

> On lit sur un feuillet de garde, la note autographe suivante de Leroux de Lincy : « Cet exemplaire, tiré sur papier de Hollande, m'a été offert tout relié en décembre 1861 par M. Delacour, héritier de M. Cigongne, qui avait fait les frais de ce catalogue. » 29 Décembre 1861.
> « Leroux de Lincy. »
> Ex-libris du baron de La Roche Lacarelle à l'intérieur du volume.

222. CLINCHAMPS (de) et SOLAR. Belle collection de livres rares et précieux, provenant du cabinet de M. M. de C*** (M. de Clinchamps). — Des livres et manuscrits composant la bibliothèque de M. Félix Solar, tome premier (dressé par M. Pierre Deschamps dont c'est ici l'exemplaire imprimé sur papier fort). — de la bibliothèque de M. F. Solar, préface par

Paul Lacroix. *Paris, Techener, Firmin Didot frères, fils et Cie*, 1860, 3 vol. in-8, dos et coins de mar. vert foncé, tête dor., non rognés (*Stroobants*).

> 17 lettres et pièces autographes traitant de bibliophilie, la plupart relatives à l'établissement du catalogue Solar et à la vente, ont été jointes au dernier volume 2 lettres de Pierre Deschamps à M. Solar, 1 à Techener, un essai de préface pour le catalogue Lacarelle, memento de prix de vente, etc... Lettres de M. Solar, de M. de Lacarelle, du Dr Payen, de L. Potier, de Capé.
>
> Ex-libris de la bibliothèque Solar et deux factures du libraire Demichelis ont été également ajoutés.

223*. COSTE (J. L. A.). Livres rares et précieux. *Paris, Potier*, 1854, in-8, cartonn., demi-toile, jasp., dos orné, non rogné (*Trautz-Bauzonnet*).

> Papier de Hollande ; prix et annotations à l'encre dans les marges.

224*. DESQ, de Lyon. Livres rares et précieux, manuscrits et imprimés. *Paris, L. Potier*, 1866, in-8, dos et coins de mar. olive, tête dor., non rogné, couvert. (*Stroobants*).

> Papier de Hollande.
> Prix marqués à l'encre noire et noms des acquéreurs, à l'encre rouge.

225*. DETUNE. Livres rares et précieux. *A Paris, chez Ant. Aug. Renouard*, 1806, in-8, cuir de Russie, fil., dent. int., tr. dor. (*Thouvenin*).

> Un des 12 exemplaires imprimés sur GRAND PAPIER VÉLIN, avec les prix de vente au crayon.
> Exemplaire de La Bédoyère.

226. DOBRÉE (Thomas). Catalogue de la bibliothèque du Musée Thomas Dobrée, tome II. Imprimés (1re partie) par M.-Louis Polain. *Nantes, au Musée Thomas*

Dobrée, 1903, pet. in-8, port., dos et coins chag. vert, têt. dor., non rogné, couverture (*Stroobants*).

227*. GUYOT DE VILLENEUVE. Livres, manuscrits et imprimés, dessins et estampes. *Paris, Ed. Rahir et Cie*, 1900, in-8, dos et coins de mar. bleu, têt. dor., non rogné, couverture (*Stroobants*).

Exemplaire imprimé sur PAPIER DE HOLLANDE, orné d'un portrait et de reproductions de reliures, en noir et en couleurs.
Prix et noms des acquéreurs à l'encre.

228*. LA VALLIÈRE (duc de). Livres de la bibliothèque de feu M. le Duc de La Vallière. *Paris, Guillaume de Bure, Nyon l'aîné*, 1783-1784, 2 catalogues en 9 vol. in-8, cuir de Russie, fil., dos orné, dent. int., tr. dor. (*Rel. anc.*).

Bel exemplaire imprimé sur PAPIER DE HOLLANDE, orné d'un portrait dessiné et gravé par *Cochin* et d'une planche repliée.
Liste des prix d'adjudication pour le premier catalogue.

229. LEBER (C.). Livres imprimés, manuscrits, estampes, dessins et cartes à jouer : avec des notes par le collecteur. *Paris, Techener, P. Jannet*, 1839-1852, 4 vol. in-8, dos et coins de veau fauve, fil., dos orné, non rognés (*Simier*).

230. LIGNEROLLES (Comte de). Livres rares et précieux, manuscrits et imprimés. *Paris, Porquet*, 1894-1895, 4 parties en un fort vol. gr. in-8, dos et coins de chag. bleu, têt. dor., non rogné, couvertures (*Stroobants*).

L'exemplaire contient la Table générale et la liste des prix d'adjudication pour les trois premières parties.
On y a joint un opuscule de M. Jules Le Petit : La

Bibliophilie qui passe. Notes sur un grand bibliophile d'hier, le comte de Lignerolles, par un petit bibliophile d'aujourd'hui. *Paris, Rondeau,* 1895, ornée de croquis de l'auteur et tirée à 220 exemplaires.

Prix et noms marqués, à l'encre bleue.

231*. MÉON. Livres précieux singuliers et rares. *Paris, Bleuet,* 1803, in-8, mar. orange, fil., dent. int., ébarbé (*Thouvenin*).

Exemplaire imprimé sur PAPIER DE HOLLANDE,

232*. PICHON (Baron J.). Livres rares et précieux, manuscrits et imprimés. *Paris, L. Potier,* 1869, in-8, dos et coins de mar. grenat, têt. dor., non rogné, couverture (*Stroobants*).

Exemplaire imprimé sur PAPIER DE HOLLANDE contenant la table, la liste des prix d'adjúdication, et, dans les marges, les prix et noms des acquéreurs à l'encre.

233*. PIXERÉCOURT (G. de). Bibliothèque de M. G. de Pixerécourt..., avec des notes littéraires et bibliographiques de MM. Charles Nodier et Paul Lacroix. *Paris, Crozet, Techener,* 1839, in-8, demi-rel. mar. rouge, têt. dor., non rogné (*Rel. de l'époque*).

Exemplaire imprimé sur PAPIER DE HOLLANDE, contenant la liste des prix, et auquel on a ajouté le Catalogue des autographes publié en 1840, avec les prix marqués au crayon.

234. POTIER (L.). Livres rares et précieux, manuscrits et imprimés, faisant partie de la librairie de L. Potier. *Paris, L. Potier, A. Labitte,* 1870-1872, 2 vol. in-8, dos et coins de mar. La Vall., têt. dor., non rognés, couvertures (*Stroobants*).

Prix marqués à l'encre dans les marges.
Table et prix imprimés de la première partie (1870).

235*. RENARD, de Lyon. Livres rares et précieux, imprimés et manuscrits. *Paris, A. Labitte,* 1881, in-8, dos et coins de mar. olive, têt. dor., non rogné, couverture (*Stroóbants*).

> PAPIER DE HOLLANDE.
> Prix marqués à l'encre dans les marges.

236*. ROTHSCHILD (James de). Catalogue des livres composant la bibliothèque de feu M. le Baron James de Rothschild. *Paris, Morgand,* 1884-1912, 4 vol. gr. in-8, dos et coins de mar. vert foncé, têt. dor., non rognés, couvertures (*Stroobants*).

> Précieux catalogue raisonné, publié par M. Emile Picot.
> Exemplaire imprimé sur PAPIER DE HOLLANDE. Portrait et nombreuses reproductions de titres, figures et reliures.
> *Envoi autographe* de M. E. Picot à M. L. Loviot.

237. TECHENER (Léon). Livres précieux. Préface de M. Emile Picot (à la troisième partie). *Paris, Labitte,* 1886-1889, 3 part. en 1 vol. in-8, dos et coins mar. vert foncé, têt. dor., non rogné, couvertures (*Stroobants*).

> Liste des prix d'adjudication ajoutée à chaque partie, prix et noms à l'encre dans les marges.

238. VIOLLET LE DUC. Catalogue des livres composant la bibliothèque poétique de M. Viollet le Duc, avec des notes bibliographiques, biographiques et littéraires sur chacun des ouvrages catalogués. Pour servir à l'histoire de la poésie en France. *Paris, chez Hachette,* 1843. — BIBLIOGRAPHIE des chansons, fabliaux, contes en vers et en prose...... ayant fait partie de la collection de M. Viollet le Duc, avec des notes biographiques et littéraires sur chacun des ouvrages cités. *Paris, Claudin,* 1859. — BIBLIOTHÈ-

QUE de M. Viollet le Duc. Première partie (Catalogue de la vente, avec les prix). *Paris, Jannet,* 1849. — En 1ᵉ vol. in-8, demi-rel. veau fauve, dos orné, non rogné.

Prix à l'encre au catalogue de la vente.

239. YEMENIZ. Catalogue de la bibliothèque de M. N. Yemeniz, précédé d'une notice par M. Le Roux de Lincy. *Paris, Bachelin-Deflorenne,* 1867, in-8, dos et coins de chag. vert, têt. dor., non rogné, couverture (*Pagnant*).

Prix, noms et annotations à l'encre, dans les marges et table imprimée des prix.

240. CATALOGUES de livres vendus aux enchères. Réunion de 30 vol. gr. et pet. in-8, dont 22 demi-rel. chag. veau ou mar. quelques-uns avec coins et 11 cartonn., dos et coins de toile.

Bibliothèques Aimé-Martin, 1847. — Auvillain, 1865. — Baudelocque, 1850. — Bégis, 1909-1910. — Bertin (A.), 1854. — Bignon, 1848. — Cailhava, 1845-1862, 2 vol. — Champ-Repus (De), 1893. — Chaponay (Cᵗᵉ de), 1863. — Chartener, 1885. — Chedeau, 1865. — Crozet, 1841. — Deschamps (P.), 1910. — Double, 1863. — Essling (Pᶜᵉ d'), 1839-1847, 2 vol. — Fonteneau, 1903-1906. — Fortsas (Cᵗᵉ de), 1840. — Fresne (Cᵗᵉ de), 1893. — Ganay (Mⁱˢ de), 1881. — Giraud, 1855. — Guy-Pellion, 1882. — Heredia (J.-M. de), 1906. — Lobris, 1895. — Méon, 1803. — Montgermont (De), 1876. — Morel, 1873. — Nodier, 1829 et 1844. — Taylor (J.), 1848. — Turner, 1878. — Schwob, 1905.
La plupart de ces cataloguas ont les prix marqués.

241. CHEVALIER (Ulysse). Répertoire des sources historiques du Moyen âge. Topo-bibliographie.

Montbéliard, P. Hoffmann, 1894-1903, 6 fasc. en 1 vol. très gr. in-8 à 2 col., dos et coins de mar. fauve, têt. dor., non rogné, couvertures (*Stroobants*).

242. CIM (Albert). Une bibliothèque. L'Art d'acheter les livres, de les classer, de les conserver et de s'en servir. *Paris, Flammarion,* 1902, pet. in-8, dos et coins de chag. vert, têt. dor., non rogné, couverture (*Stroobants*).

243. CLÉDER (Edouard). Notice sur la vie et les ouvrages de P. de Corneille Blessebois. *Paris, Auguste Aubry,* 1862, in-12 papier vergé, cartonn., dos et coins de vélin blanc, têt. dor., non rogné, couverture (*Stroobants*).

Tiré à 200 exemplaires.

244. CLOUZOT (Etienne). Impressions du xvie siècle relatives à l'histoire de Paris et de la France. Catalogue méthodique de la bibliothèque de la ville de Paris, publié sous la direction de M. Marcel Poëte. *Paris, Imprimerie Nationale,* 1908, in-8, dos et coins mar. grenat, têt. dor., non rogné, couverture (*Stroobants*).

Reproductions de titres et figures.

245*. COHEN. Guide de l'amateur de livres à gravures du xviiie siècle. Sixième édition revue, corrigée et considérablement augmentée par Seymour de Ricci. *Paris, Rouquette,* 1912, 1 tome divisé en 2 vol. in-8, dos et coins de mar. bleu, têt. dor., non rognés, couverture (*Pagnant*).

Un des 30 exemplaires imprimés sur PAPIER DE HOLLANDE.

Envoi autographe de M. Seymour de Ricci à M. Louis Loviot sur le faux titre.

246. DRUJON (Fernand). Les Livres à clef. Etude de

bibliographie critique et analytique pour servir à l'histoire littéraire. *Paris, Ed. Rouveyre*, 1888, 2 vol. gr. in-8, papier vergé, cartonn. toile grenat, non rognés (*Couvert.*).

247. DUPORTAL (Mlle Jeanne). Etude sur les livres à figures édités en France de 1601 à 1660. Avec 45 planches hors texte. *Paris, Champion*, 1914, in-4, broché.

Nombreuses illustrations.

248. GOSSELIN (E.). Glanes historiques normandes. Simples notes sur les imprimeurs et les libraires rouennais. *Rouen, E. Cagniard*, 1870, 7 livraisons en 1 vol. in-8, dos et coins de toile grenat, non rogné, couverture (*Stroobants*).

Ces livraisons, extraites de la *Revue de la Normandie*, sont complétées par les tables autographes des matières, des noms et des titres, écrites par M. Loviot.

249. GUIGARD (Joannis). Nouvel armorial du bibliophile. Guide de l'amateur des livres armoriés. *Paris, Rondeau*, 1890, 2 vol. gr. in-8, cartonn. toile verte à recouv., non rognés (*Couvert.*).

Nombreuses reproductions de fers et de reliures.

250. HATIN (Eugène). Bibliographie historique et critique de la presse périodique française, ou catalogue... de tous les écrits périodiques de quelque valeur publiés ou ayant circulé en France, depuis l'origine du journal jusqu'à nos jours. *Paris, Firmin Didot frères, fils et Cie*, 1866, in-8, dos et coins de chag. rouge, têt. dor., non rogné, couverture (*Stroobants*).

251. INTERMÉDIAIRE DES CHERCHEURS ET CURIEUX (l'). Correspondance littéraire, historique

et artistique, questions et réponses, lettres et documents inédits, communications diverses à l'usage de tous. *Paris, Mme Vve Benj. Duprat, et à l'Intermédiaire des chercheurs et curieux*, 1864 (début de la collection) à 1913. 48 années en 67 vol. — Table de 1864 à 1891, 2 vol. — Ens. 69 vol. in-8, dos et coins de chag. olive, dos orné d'une fleur d'iris, tête jasp., non rognés (*Pagnant*).

Collection rare, aussi complète et en aussi belle condition.

252. LACHÈVRE (Frédéric). Bibliographie des recueils collectifs de poésies publiés de 1597 à 1700. *Paris, H. Leclerc*, 1901-1905, 4 tomes en 2 vol. in-4, dos et coins de mar. grenat, jans., tête dor., non rognés (*Stroobants*). — Les Recueils collectifs de poésies libres et satiriques publiés depuis 1600 jusqu'à la mort de Théophile (1626). *Paris, Ed. Champion*, 1914, 1 vol. in 4 broché. — Ens. 5 tomes en 3 vol.

253. LACOMBE (Paul). Bibliographie parisienne. Tableaux de mœurs (1600-1880). Avec une préface par M. Jules Cousin. *Paris, Rouquette*, 1887, in-8, cartonn. toile rouge, non rogné (*Couvert.*).

Envoi autographe de l'auteur à M. L. Loviot.

254. LACOMBE (Paul). Livres d'heures imprimés au XVe et au XVIe siècle conservés dans les bibliothèques publiques de Paris, catalogue. *Paris, Imp. nationale*, 1907, in-8, dos et coins de chag. rouge, tête dor., ébarbé, couverture (*Stroobants*).

Envoi autographe de l'auteur à M. L. Loviot.

255. LACROIX (Paul). Recherches bibliographiques sur des livres rares et curieux, par P. L. Jacob (Bibliophile). *Paris, Rouveyre*, 1880, pet. in-8, papier vergé, cartonn. dos et coins de mar. grenat à longs grains, tête dor., non rogné, couverture (*Champs*).

256. LANGLOIS (Ch. V.) et STEIN (H.). Les Archives de l'histoire de France. *Paris, A. Picard,* 1891, in-8, dos et coins de mar. bleu, tête dor., non rogné, couverture (*Stroobants*).

257. LANSON (Gustave). Manuel bibliographique de la littérature française moderne, 1500-1900. *Paris, Hachette et Cie,* 1909-1914, 5 parties en 1 fort vol. in-8, dos et coins de mar. fauve, tête dor., non rogné, couverture (*Stroobants*).

258. LAPORTE (Antoine). Bibliographie clérico-galante. Ouvrages galants ou singuliers sur l'amour, les femmes, le mariage, le théâtre, etc. écrits par des abbés, prêtres, chanoines, religieux, religieuses, évêques, archevêques, cardinaux et papes, par l'Apôtre bibliographe (M. A. Laporte). *Paris, Laporte,* 1879, in-8, dos et coins de mar. vert, tête dor., non rogné, couverture (*Stroobants*).

259. LEBER (Constant). Plaisantes recherches d'un homme grave sur un farceur ou Prologue tabarinique pour servir à l'histoire littéraire et bouffonne de Tabarin. *Paris, Techener,* 1856, in-16, dos et coins de vélin blanc, tête dor., non rogné (*Stroobants*).

Tirage à 100 exemplaires.

260. LOTTIN. Catalogue chronologique des libraires et des libraires-imprimeurs de Paris, depuis l'an 1470... jusqu'à présent (par Lottin l'aîné). *Paris, J.-R. Lottin de S. Germain,* 1789, in-4, veau fauve, fil., dos orné, dent. int., tr. dor.

Exemplaire imprimé sur GRAND PAPIER d'un ouvrage intéressant et recherché.

261. MÉLANGES offerts à M. Emile Picot par ses amis et ses élèves. *Paris, Ed. Rahir,* 1913, 2 vol. in-8, port., papier de Holl., brochés.

262. MEUNIE (Félix). Les Mayeux (1830-1850). Essai iconographique et bibliographique. *Paris, Henri Leclerc,* 1915, in-8, dos et coins de mar. rouge, tête dor., non rogné, couverture (*Stroobants*).

> Sur le faux titre, *envoi autographe* de l'auteur à M. L. Loviot.

263. NODIER (Charles). Mélanges tirés d'une petite bibliothèque, ou variétés littéraires et philosophiques. *Paris, Crapelet,* 1829, in-8, dos et coins de mar. rouge à longs grains, fil., dos orné, tête dor., non rogné, couverture (*Stroobants*).

264. NODIER (Charles). Notices bibliographiques et littéraires. *Paris, Techener,* 1834-1835, in-8, demi-rel. veau fauve (*Rel. de l'époque*).

> Recueil de 21 notices dont 20 ont été publiées dans le *Bulletin du Bibliophile,* et une dans *Le Temps.*
> Deux notices, ajoutées, de Paul Lacroix et Paulin Paris.

265. NODIER (Charles). Description raisonnée d'une jolie collection de livres (Nouveaux Mélanges tirés d'une petite bibliothèque), précédée d'une introduction par M. G. Duplessis, de la vie de Ch. Nodier par M. Francis Wey et d'une notice bibliographique sur ses ouvrages. *Paris, Techener,* 1844, in-8, dos et coins de mar. grenat à longs grains, fil., dos plat orné, tête dor., non rogné, couverture (*Stroobants*).

> Portrait ajouté de Charles Nodier, gravé à l'eau-forte d'après *Delaunay.*
> L'exemplaire contient la table des noms d'auteurs et celle des prix de vente.
> Prix et noms marqués à l'encre.

266*. NODIER (Charles). Manuscrit autographe in-8

de 101 feuillets, mar. rouge, fil. et dos orné à froid, dent. int., tr. dor. (*Duru,* 1855)..

Manuscrit signé en plusieurs endroits, composé de deux parties comprenant 23 pièces et avec table générale. Œuvres mêlées, en vers et en prose dont voici la liste succincte.

Oraison funèbre de Barra et Viala. — Description d'une nuit orageuse dans le style des anciens bardes. — Chanson. — Épigramme. — Voyage d'un Scythe dans l'Attique. — Essai historique sur la « Montagne. » — Harangue de Lysias. — Des Sciences et des Beaux-Arts, sous la République. — Essai sur l'Imprimerie et ses progrès, etc..., critique littéraire sur des auteurs des xviie et xviiie siècles. Traduction d'épigrammes de Martial.

267*. NODIER (Charles). Recueil de 98 lettres, études littéraires, notes autographes, de Charles Nodier, ou de lettres qui lui sont adressées, montées sur 100 feuillets papier de Hollande, en 1 vol. gr. in-4, dos et coins de mar. rouge, non rogné (*Stroobants*).

Parmi les lettres que renferme le recueil, 21 sont adressées à Renouard et relatives aux ouvrages de Nodier et à des questions de bibliophilie. — Il y est fréquemment question de la publication que Milady Hamilton veut faire, en français, de ses premières œuvres, imprimées chez Didot et qui paraîtront chez Renouard. — Très belle lettre à M. de Kératry, dans laquelle Nodier explique qu'il n'est point partisan de la Révolution ni admirateur de l'administration civile de l'empire à cause de sa vénération pour le grand honnête homme que fut son père. — Lettres à Villemain, Eimery, Aimé Martin, Peignot, Menessier, de Pixerécourt, à Techener, de Bure, etc. (Beaucoup de ces lettres ont été publiées dans le *Bulletin du Bibliophile,* de 1849 à 1850). — Plusieurs notices bibliographiques et littéraires, signées, parues dans le même *Bulletin.* — 11 lettres de Guiseppe Collina, écrites en italien, adressées à Ch. Nodier, de 1832 à 1834.

268. PASSANO (Giambattista). Novellieri italiani in

verso indicati e descritti da Giambattista Passano. *In Bologna, Gaetano Romagnoli*, 1868, in-8, cartonn. dos et coins de vélin, non rogné.

269. PASSANO (Giambattista). I novellieri italiani in prosa, indicati e descritti da Giambattista Passano. Seconda edizione migliorata e notevolmenti accresciuta. *Stamperia reale di Torino della ditta G. B. Paravia*, 1878, 2 vol. in-8, broehés.

> Bonne bibliographie des prosateurs italiens du xve au xixe siècle.

270. PHILIPOT (Emmanuel). La Vie et l'œuvre littéraire de Noël du Fail, gentilhomme breton. *Paris, Éd. Champion*, 1914. — Essai sur le style et la langue de Noël du Fail. *Ibid., id.*, 1914. — Ens. 2 ouvr. en 1 vol. in-8, dos et coins de chag. vert, tête dor., non rogné, couverture (*Pagnant*).

271. PICOT (Emile). Les Français italianisants au xvie siécle. *Paris, Honoré Champion*, 1906-1907, 2 tomes en 1 vol. in-8, dos et coins de chag. rouge, tête dor., ébarbés, couvertures (*Pagnant*).

> *Envoi autographe* de l'auteur à M. L. Loviot.

272. PICOT (Emile). Recueil de pièces historiques imprimées dans les provinces françaises au xvie siècle, publiées en fac-similé et accompagnées de notes, par Emile Picot. *Paris, pour la Société des bibliophiles françois*, 1913, in-12, broché.

273. PLAN (Pierre-Paul). Bibliographie rabelaisienne. Les éditions de Rabelais de 1532 à 1711. Catalogue raisonné descriptif et figuré, illustré de cent soixante dix fac-similés (titres, variantes, pages de texte, portraits). *Paris, Imp. nationale*, 1904, gr. in-8, dos et

coins de mar. grenat, tête dor., non rogné, couverture (*Pagnant*).

On y a joint une lettre autographe de Paul Plan à M. Delzant relative à un Rabelais italien, imprimé par les Alde.

274. QUÉRARD (J. M.) et BARBIER (Ant.-Al.). Les Supercheries littéraires dévoilées. Seconde édition considérablement augmentée, publiée par MM. G. Brunet et P. Janet, 3 vol. — Dictionnaire des ouvrages anonymes par Ant. Alex. Barbier. Troisième édition, revue et augmentée, *Paris, P. Daffis*, 1869-1879, 4 vol. — Supplément. *Paris, Féchoz,* 1889. Ens. 8 vol. gr. in-8, dos et coins de mar. La Vall., tête dor., non rognés (*Stroobants*).

275. RAHIR (Édouard). Catalogue d'une collection unique de volumes imprimés par les Elzevier et divers typographes hollandais du XVIIe siècle, précédé d'un avant-propos par M. Ferdinand Brunetière et d'une lettre de M. Alphonse Willems. *Paris, Morgand,* 1896, in-8, dos et coins de chag. vert olive, tête dor., non rogné, couverture (*Stroobants*).

276. RAHIR (Édouard). La Bibliothèque de l'amateur. Guide sommaire à travers les livres anciens les plus estimés et les principaux ouvrages modernes. *Paris, Ed. Rahir,* 1907, in-8, dos et coins de chag. bleu, tête dor., non rogné, couverture (*Stroobants*).

Excellent répertoire, très recherché.

277. RENOUARD (Ph.). Imprimeurs parisiens, libraires, fondeurs de caractères et correcteurs d'imprimerie, depuis 1470 jusqu'à la fin du XVIe siècle... avec un plan des quartiers de l'Université et de la Cité. *Paris, A. Claudin,* 1898, in-12, dos et coins de

chag. La Vall., tête dor., non rogné, couverture (*Pagnant*).

Envoi autographe de l'auteur à M. L. Loviot, sur le faux titre.

278. REVUE DES ÉTUDES RABELAISIENNES, publication trimestrielle (à partir de 1913, publiée sous le titre de Revue du seizième siècle) consacrée à Rabelais et à son temps. *Paris, Champion,* 1903-1916. 6 vol. in-8, demi-rel. chag. violet, et 18 fascicules brochés.

> On y a ajouté : 1° Pantagruel (édition de Lyon, Juste 1533) réimprimée... par P. Babeau, Jacques Boulenger et H. Patry, 1 vol. même reliure. — 2° le texte d'une conférence de M. Abel Lefranc sur la fondation et le but de la « Revue », la liste de son comité d'organisation et ses statuts.

279. RIBADENEYRA (P. Pedro). Bibliotheca scriptorum Societatis Jesu, post excusum Anno 1608, catalogum R. P. Petri Ribadeneirae societatis eiusdem theologi., nunc hoc novo apparatu librorum ad annum reparatae salutis 1642. editorum concinnata, & illustrium virorum elogiis adornata. A Philippo Alegambe Bruxellensi ex eadem societate Jesu. *Antverpiae, apud Ioannem Meursium. Anno* 1643, in-fol., ais en bois recouverts de veau fauve, milieux et bordures à froid, tr. bleues (*Rel. anc.*).

280*. RUBLE (Baron Alphonse de). Notice biographique sur le comte de Lurde, suivie du catalogue de sa bibliothèque. *Paris, Typographie Lahure,* 1875, in-8, dos et coins mar. vert, tête dor., non rogné (*Stroobants*).

> Tirage à 60 exemplaires sur papier vélin, non mis dans le commerce.

281*. SAVIGNY DE MONCORPS (Vte de). Almanachs illustrés du xviiie siècle. Avant-propos de Georges Vicaire. *Paris, Henri Leclerc,* 1909, in-8, dos et coins de mar. grenat, tête dor., non rogné, couverture (*Stroobants*).

> Ouvrage tiré à 125 exemplaires sur papier vélin et orné de figures, et reproductions de reliures.
> Devenu rare.

282. SILVESTRE (L. C.). Marques typographiques ou recueil des monogrammes, chiffres, enseignes, emblèmes, devises, rébus et fleurons des libraires et imprimeurs qui ont exercé en France, depuis l'introduction de l'imprimerie en 1470, jusqu'à la fin du xvie siècle..... *Paris, Janet,* 1853-1867, 2 tom. en 1 vol. in-8, demi-rel. mar. marron, tr. jasp.

> Exemplaire du bibliographe Olivier Barbier, contenant des corrections et additions autographes, et auquel on a ajouté : Le Catalogue de la bibliothèque de L. C. Silvestre, deux articles d'Olivier Barbier sur les marques typographiques (*Bulletin du Bibliophile,* 1864 et *Bulletin de la Soc. de l'hist. du protest. français,* 1864).

283. STEIN (Henri). Manuel de bibliographie générale (Bibliotheca bibliographica nova). *Paris, Alphonse Picard,* 1897, in-8, dos et coins de chag. grenat, tête dor., non rogné, couverture (*Stroobants*).

284. THIEME (Hugo P.). Guide bibliographique de la littérature française, de 1800 à 1906. *Paris, H. Welter,* 1907, in-8, cartonn. toile bleue de l'éditeur.

285. VICAIRE (Georges). Manuel de l'amateur de livres du xixe siècle, 1801-1893, préface de Maurice Tourneux. *Paris, Rouquette,* 1894-1910, 7 vol. in-8, dos et coins de chag. bleu, tête dor., non rognés (*Pagnant*).

> Bel exemplaire.

286. VICAIRE (Georges). Table générale du Bulletin du bibliophile et du bibliothécaire, 1834-1906. *Paris, Henri Leclerc,* 1907, in-8, figure en couleurs, dos et coins de mar. grenat, tête dor., non rogné, couverture (*Stroobants*).

287. WILLEMS (Alphonse). Les Elzevier. Histoire et annales typographiques. *Bruxelles, G. A. Van Trigt,* 1880. — BERGHMAN (G.). Supplément à l'ouvrage sur les Elzevier de M. Alphonse Willems. *Stockholm,* 1897. — Ens. 2 ouvr. en 1 vol. in-8, dos et coins de chag. vert olive, tête dor., non rogné, couverture (*Stroobants*).

ORDRE DES VACATIONS

PREMIÈRE VACATION

Lundi 5 Mai 1919.

N°s 1 à 7.
34 à 124.
8 à 33.

DEUXIÈME VACATION

Mardi 6 Mai 1919.

N°s 125 à 202.
203 à 287.